APUNTES PÓSTUMOS

RELACION HISTÓRICA

DE LA PRIMERA CAMPAÑA DEL GENERAL ARENALES

A LA SIERRA DEL PERU, EN 1820

———

Artículo publicado en La Revista de Buenos Aires

POR

EL CORONEL ARGENTINO DON JOSÉ SEGUNDO ROCA.

———

BUENOS AIRES.

291—IMPRENTA DE MAYO, CALLE MORENO—243

1866.

APUNTES PÓSTUMOS.

Los apuntes históricos del Coronel Roca que van á ver la luz en las columnas de la Revista de Buenos Aires, los tengo desde ahora año y medio que se marchó á traer un continente para el Ejército de operaciones, y me los dejó con el objeto de que los revisase é hiciese algunas correcciones: los examiné en su ausencia y esperaba su regreso para ofrecerle varios otros datos y una que otra observacion, mas á su vuelta á esta capital en noviembre con el Batallon Tucumano, la premura de su marcha á Corrientes no dió tiempo á que nos ocupásemos de esa tarea: se hizo indispensable nueva espera hasta que terminase la campaña del Paraguay, pero el dia menos pensado nos sorprendió la deplorable noticia de su fallecimiento (8 de marzo de 1866 á las 9 3|4 de la mañana), en el campamento de «Las Ensenaditas» sobre el «Paso de la Patria» – Este inesperado acontecimiento, si ha privado á la historia de recojer mas extenso ó correcto el trabajo del Coronel Roca, y otros à que se preparaba según se vé en la carta que encabeza los apuntes, no me privará á mi de hacerlos conocer de nuestros compatriotas en el estado en que quedaron: y para que quien llegue á leerlos no ignore los antecedentes de su expositor y les dé el crédito que merezcan, me permito hacerlos preceder de su foja de servicios, propendiendo á que se tribute á su memoria la parte de gloria que le cupo, en el paseo triunfal que el Estandarte Argentino hizo desde las riberas del Plata hasta el Chimborazo.

Gerónimo Espejo.

Ejército Nacional.

El Coronel de Caballeria don José Segundo Roca nació el 1.º de junio de 1800: su pais la ciudad de Tucuman en la República Argentina: su salud conservada: sus servicios y circunstancias las que á continuacion se espresan.

Tiempo en que empezó á servir — los empleos.

Empleos	Dias	Meses	Años
Cabo 1.º de cívicos de Tucuman ····	15	Febrero	1816
Subteniente de banderas del N.º 11 ··	10	Junio	1820
Teniente 2.º ···· ···· ···· ····	6	Diciembre	1820
Capitan de Caballeria ···· ···· ····	4	Enero	1822
Grado de Sargento Mayor ···· ···· ··	22	Junio	1822
Sargento Mayor efectivo ···· ···· ··	9	Julio	1825
Grado de Teniente Coronel ···· ····	23	Febrero	1827
Teniente Coronel efectivo ···· ···· ··	12	Junio	1829
Coronel efectivo ···· ···· ···· ···· ··	25	Setiembre	1830

Tiempo que sirvió en cada empleo.

Empleos.	Años	Meses	Dias
De cabo 1.° de cívicos ··· ··· ···	····	····	····
De Subteniente de banderas ··· ···		5	26
Teniente 2.° ··· ··· ··· ··· ···	1	····	28
De Capitan ··· ··· ··· ··· ··· ··	3	6	5
De Sargento Mayor ··· ··· ··· ···	3	11	3
De Teniente Coronel ··· ··· ··· ··	1	3	11
De Coronel ··· ··· ··· ··· ··· ··	33	3	7
TOTAL hasta 30 de Diciembre de 1863 en que se hizo esta foja de servicios.	43	6	20

Cuerpos en que ha servido.

Empleos	Años	Meses	Dias
En la Compañia de Cazadores, Civicos de Tucuman desde 15 de Febrero de 1816 ··· ··· ··· ··· ··· ··	····	····	····
En el Batallon número 11 del Ejército de los Andes, desde 10 de Junio de 1820 ··· ··· ··· ··· ···	1	6	24
En el Rejimiento de Cazadores á caballo del Perú, desde 4 de Enero de 1822 ··· ··· ··· ··· ···	1	1	22
En el Cuartel General del Ejército pel Perú, desde 26 de Febrero de 1823.	3	5	20
En el Estado Mayor del Ejército Republicano sobre el Brasil desde el 16 de Agosto 1826. ··· ··· ···	27	11	14
En el Estado Mayor del Ejército Nacional desde 31 de Julio 1854. ··· ··	9	5	
TOTAL hasta 30 de Diciembre de 1863 en que se hizo esta foja de servicios.	43	6	20

Campañas y acciones de guerra en que se ha hallado.

En la campaña libertadora del Perú á las órdenes del Exmó. Sr. Capitan General, don José de San Martin, para la cual se embarcó con el batallon número 11 á que pertenecia, formando el ejército unido libertador de los Andes y Chile, en el puerto de Valparaiso el 20 de agosto de 1820.

Desembarcado el ejército libertador en Pisco, marchó con su batallon el dia 5 de octubre del mismo año 20, á la primera campaña de la Sierra del Perú, bajo las órdenes del señor general don Juan Antonio Alvarez de Arenales.

Se halló en el combate de la Cuesta de Jauja el 20 de noviembre del mismo año 20, en que fué sorprendida y batida la division realista de 600 hombres, que mandaba el intendente de Huancavélica don José Montenegro, por 40 granaderos á caballo y 15 oficiales entre los que se hallaba Roca, mandados por el Sarjento Mayor graduado capitan don Juan Lavalle.

Se encontró en la batalla de Pasco, el 6 de diciembre del mismo año 20, con el batallon número 11 de que dependia, en la cual fué completamente derrotada por el citado general Arenales, una division del ejército español mandada por el Brigadier don Diego O' Reilly; por cuya victoria concedió el general San Martin, una medalla de plata á la oficialidad, y entre los ascensos con que además fué premiada, á Roca le tocó ascender á teniente 2°. de la compañía de granaderos de su batallon.

A consecuencia de la sublevacion de los pueblos de Otusco y Moyobamba (departamento de Amazonas en el Perú y simultáneamente del depósito de prisioneros en el pueblo de Huarmey de gefes y oficiales realistas; el teniente

Roca marchó con un destacamento de 60 hombres del batallon número 11, por órden del general San Martin, para
prestar apoyo al presidente del departamento Marqués de
Torre Tagle y la ciudad de Trujillo su capital, contra los ata-
ques ó depredaciones de los sublevados.

Habiéndose posesionado el general San Martin en julio
de 1821 de la capital de Lima y asumido en consecuencia el
Supremo Poder político y militar del Perù, en 15 de agosto
espidió un decreto concediendo varios premios al Ejército
libertador, entre ellos una medalla de oro á la oficialidad
con el lema «*Yo fui del Ejèrcito Libertador*,» de la cual tambien disfruta Roca, segun díploma que se le espidió en diciembre del mismo año.

Por disposicion del general San Martin se mandó crear
el Rejimiento de cazadores á caballo del Perú sirviendo de
base al destacamento que mandaba el teniente Roca, cuyo
cuerpo formó parte de la division que á las órdenes del señor
general don Andrés Santa Cruz marchó de Piura en febrero
de 1822, en ausilio del ejército, que hizo la campaña del
Ecuador bajo la direccion del señor Mariscal Antonio José
de Sucre.

El 24 de mayo de 1822 se halló en la batalla de Pichincha con el rejimiento de su dependencia, en la cual fué deshecho y rendido el ejército español mandado por el Virey
Aimerich: por esta victoria disfruta Roca de tres medallas
de oro que por pr mio de honor fueron decretadas, la primera por el libertador de Colombia Simon Bolivar, la segunda por el Cabildo y ciudad de Quito, y la tercera por el
gobierno del Perú, siendo ademas premiado Roca por el general San Martin con el grado de Sarjento Mayor por haber
conducido el parte del general Santa Cruz por ese triunfo.

En seguida el mayor Roca fué nombrado ayudante de campo del general en gefe del ejército peruano don Andrés Santa Cruz, con el cual hizo la segunda espedicion sobre Puertos intermedios, embarcándose en el Callao el 25 de mayo de 1823.

Se encontró el mayor Roca en la accion de Zepita el 25 de agosto del mismo año 23, por cuya victoria disfruta de una medalla de oro.

A principios de setiembre del mismo año 23, el mayor Roca fué desde el pueblo de Calamarca á la ciudad de Oruro enviado por el general Santa Cruz en clase de parlamentario ante el general del ejército real don Pedro Antonio Olañeta, comision ostensible que envolvia instrucciones reservadas para algunos gefes realistas, cuyos resultados patentizaron las posteriores operaciones militares del ejército espedicionario.

Terminada la campaña del Alto Peru y vuelto á Lima á fines de 1823, fué nombrado Roca edecan del señor general del ejército del Norte, don José de La Mar, y á consecuencia de la sublevacion de las tropas que guarnecian las fortalezas del Callao en febrero de 1824, se retiró hasta la ciudad de Trujillo donde tenia su cuartel general el libertador Simon Bolivar, y dirijia la organizacion del ejército que hizo la última campaña que afianzó la independencia de la América.

Se halló en la batalla de Junin el 6 de agosto de 1824 por la cual disfruta de una medalla de oro decretada por el libertador Bolivar.

Como edecan del cuartel general en la última campaña del Perú, fué comisionado por el señor mariscal Sucre, desde la provincia de Aymaraes, para llevar ante el general Boalivar que se retiraba hácia la costa de Chancay, el parte de las operaciónes practicadas por ambos ejércitos beligerantes hasta los últimos dias de noviembre, y detallarle las maniobras, el estado y situacion de ambas fuerzas, y las peligrosas posiciones que ocupaban, consultándole la gravedad del caso y la imposibilidad de prolongar por mas tiempo semejante situacion sin librar, á una batalla el éxito de la campaña.

Al regresar Roca de Chancay con la respuesta del Libertador al general Sucre, en que le ordenaba aceptar ó presentar batalla al ejército real, cayó gravemente enfermo en la ciudad de Jauja, cuyo involuntario accidente le privó de asistir personalmente á la batalla de Ayacucho el 9 de diciembre de 1824, pero si fué declarado con opcion á la medalla de oro y demas premios acordados al ejército libertador por decreto del general Bolivar.

Terminada la guerra de la independencia con el triunfo de Ayacucho y restituido Roca al suelo de la patria en 1826, fué reconocido en su clase de sarjento mayor por el señor Presidente de la República don Bernardino Rivadavia y destinado al ejército republicano como ayudante de campo del señor general don Lucio Mansilla, quien pasó á la Banda Oriental á dar direccion á las fuerzas que sitiaban la plaza de Montevideo ocupada por el ejército-brasilero.

En seguida cuando el general Mansilla fué nombrado gefe de Estado mayor del ejército republicano, pasó de Montevideo á recibirse de su alto puesto en la campaña sobre el territorio del Brasil, y se incorporó al ejército en los últimos dias de diciembre del mismo año 26 en las puntas del Rio Negro.

Se halló Roca en el combate del Ombú el 16 de febrero

de 1827, á las órdenes del mismo general Mansilla, en cuyo triunfo le cupo una parte decisiva.

Tambien se encontró en la batalla de Ituzaingó el 20 del mismo mes y año á las órdenes del general en gefe don Cárlos de Alvear, por la cual disfruta del cordon y del escudo decretados como premios de honor, el primero por el señor Presidente Rivadavia y el segundo por el Congreso General constituyente en 11 y 16 de marzo.

Habiéndo pasado como edecan del general Alvear, se encontró en el ataque que ejecutó en persona con varios escuadrones de caballeria sobre una division brasilera mandada por el general Bento Manoel, en el punto Camacuá el 27 de abril del mismo año 27.

Nombrado general en gefe del ejércíto el señor Brigadier don Juan Antonio Lavalleja y continuando Roca en su clase de edecan, se halló en la sorpresa que hizo en persona al ejército imperial el 22 de febrero de 1828, en el puesto del padre Filiberto sobre el rio Yaguaron.

Habiendo sufrido un contraste los cuatro buques de la escuadrilla argentina que operaba en el Lago Merin, el teniente coronel Roca entonces fué comisionado por el general Lavalleja para marchar á salvarla del ataque combinado que la escuadra sutil brasilera le preparaba con sus diez y siete buques, en cuya ocasion aprovechando de un retardo que padecieron los imperiales, tuvo tiempo para hacerlos remontar el rio de San Luis, de formar trincheras en la marjen izquierda del rio con artilleria de los mismos buques y de este modo salvarla de la destruccion que indudablemente habria sufrido.

A consecuencia del tratado preliminar de paz celebrado entre la República Argentina y el imperio del Brasil, el ejército se retiró del cuartel general del Cerro Largo sobre Buenos Aires en dos divisiones, y á Roca le tocó hacerlo en la segunda á las órdenes del señor general don Josè Maria Paz que hizo su entrada el 29 de diciembre de 1828, quedando asi terminada la campaña del Brasil.

Llegado á Buenos Aires, Roca fué destinado por el gobierno de gefe del detall de la division que al Oeste de la provincia operaba á las órdenes del coronel don Isidoro Suarez, encontrándose en esa vez en el combate de las Palmitas, el 0 de febrero de 1829.

En seguida Roca fué dado á reconocer como edecan del señor gobernador provisorio de la provincia, general don Juan Lavalle, en cuyo puesto lo acompañó á la campaña que emprendió en persona sobre la provincia de Santa Fè, repeliendo la invasion que su gobernador el general don Estanislao Lopez verificó sobre la de Buenos Aires con sus tropas y hordas de salvajes del Chaco.

Se halló en la accion del Puente de Marquez el 26 de abril de 1829, que el general Lavalle libró contra las fuerzas unidas de don Juan Manuel Rosas y general Lopez gobernador de Santa Fé.

A consecuencia del tratado que el general Lavalle celebró con don Juan Manuel Rosas, el 24 de junio de 1829 y de los articulos adicionales de 26 de agosto en Barracas, el ejército nacional fué disuelto en Buenos Aires y Roca obtuvo licencia del gobierno para retirarse á Tucuman, su pais natal; y al pasar por Córdoba el señor general don José Maria Paz lo comisionó para traer al ejército que operaba en las provincias del Interior bajo su direccion, un contingente de tropas de la provincia que habia ofrecido su gobernador el general don Javier Lopez.

Llegado Roca á Tucuman, concurrió á la campaña que su gobernador el general Lopez emprendió sobre la de Santiago del Estero en junio de 1830, la cual dió por resultado una capitulacion con su gobernador el general don Felipe Ibarra, en la cual una de sus estipulaciones fué que él se retiraria á la provincia de Santa Fé, como lo verificó.

En seguida hizo la c mpaña en la provincia de Salta bajo las órdenes del señor general don José Ignacio Gorriti á pacificar la frontera del Rio del Valle y Lachiguanas en que se habia sublevado el coronel Pablo Latorre proclamando la federacion, cuya fuerza dispersada, dicho coronel fugó al territorio norte de Santiago del Estero sobre el Chaco.

Habiendo tranquilizádose las provincias del Norte, el gobierno de Tucuman despachó á Córdoba el contingente ofrecido, y el coronel Roca se incorporó al ejército nacional en abril de 1831, con el rejimiento de granaderos de su mando; con él asistió á las operaciones de la campaña, hasta el desgraciado dia 10 de mayo de 1831 en que fué tomado prisionero el general Paz por una montonera de Santa Fé, y recibido accidentalmente del mando del ejército el general don Gregorio Araoz de la Madrid, en mayo se retiró sobre las provincias del Norte.

En esta retirada y antes de pasar la travesia de Ambargasta, se halló Roca en el combate de Las Piedritas el 1. º de junio de 1831, mandando un escuadron del rejimiento de su mando y bajo las órdenes del coronel don Mariano Acha, en el cual fué batida y dispersada una montonera de 800 y mas hombres capitaneados por don Francisco Reinafé que habia sido destacado desde Santa Fé para hostilizar al ejército.

Resuelta la situacion política de las provincias del Norte

por el contraste que sufrió el ejército en la ciudadela de Tucuman el 4 de noviembre de 1851, y á virtud del tratado celebrado por el general don Juan Facundo Quiroga con la provincia de Salta el 2 de diciembre, en el que, por el artículo 1.°. se pactaba el estrañamiento de los gefes y oficiales del ejército; el coronel Roca salió deportado en calidad de preso, y tomó asilo en la República limitrofe de Bolivia á principios de febrero de 1852.

Dominados los pueblos argentinos por el tirano don Juan Manuel Rosas, tomó parte Roca en la invásion que el general don Javier Lopez ejecutó desde Bolivia sobre Tucuman en enero de 1857, la cual habiendo fracasado y caido prisioneros todos los que la componian, el general don Alejandro Heredia gobernador de la provincia mandó fusilar al general Lopez y al doctor don Angel Lopez, salvándole la vida áRoca por un acto de generosidad.

Trasladado Roca á Buenos Aires en 1839 y clasificado por Rosas de salvaje unitario, despues de tres años de sufrimientos fué restituido á Tucuman, donde permaneció hasta la victoria de Caseros el 3 de febrero de 1852, en que fué derrocado el tirano y los argentinos volvieron al goce de su libertad.

En el pronunciamiento que en abril de 1852 hizo el pueblo Tucumano para sacudirse del poder terrorista del general don Celedonio Gutierrez, durante su ausencia al acuerdo de San Nicolás de los Arroyos, Roca perteneció á las filas del partido liberal que lo verificó, resultando electo por el voto popular el ciudadano don Manuel Espinosa.

No conformándose el general Gutierrez á su regreso de San Nicolas con el cambio verificado, y lejos de eso, habiendo reunido fuerzas y sublevado los departamentos del

Sud para restablecerse en el mando; el gobernador Espinosa puso en armas la guardia nacional, y confiándole á Roca el mando en gefe de una division de···· hombres, hizo la campaña de Huacra que dió por resultado el rechazo del invasor y su alejamiento á la provincia de Catamarca.

Persistiendo el general Gutierrez en detentar el poder de que habia sido depuesto, y auxiliado para ello con fuerzas y elementos por el de Catamarca, el gobernador de Tucuman puso un ejército en campaña confiando á Roca al mando de la masa de infanteria, y en la batalla de Los laureles el 25 de diciembre de 1853 Gutierrez fué completamente derrotado y puesto en fuga.

Buenos Aires Diciembre 31 de 1863.

Señor Coronel don Gerónimo Espejo.

Buenos Aires 1. ° de mayo de 1865.

Mi distinguido amigo y camarada.

En oportunidad tuve la satisfaccion de recibir tu carta fecha 31 de diciembre, en que me pedias la relacion histórica de varios periodos de la campaña libertadora del Perú, y ahora voy á confesarte con la franqueza de la amistad, que fué poco favorable la impresion que me hizo la primera lectura, porque nunca me habia ocurrido la idea de hacer el papel de historiador: pero cediendo á tu empeño, fluctuando entre dos impulsiones opuestas, antes de resolverme por una

ú otra, volví á leer y releer la carta con mas calma y reflec-
cion, fijándome en la especie de indica á que has sujetado
los párrafos de cada seccion, y en particular aquel periódo
que dice *una relacion sencilla de lo que hubieses visto, oido, ó
llegado à saber*; entonces me persuadí de que la obra no era
tan dificil como me la habia imaginado: y confirmándome
mas en esta creencia algunas conferencias y el examen de
otros datos, ese conjunto refrescó á tal grado mis tradicio-
nes y renovó el entusiasmo de esos tiempos de grato recuerdo,
do, que la ilusion me presentaba las cosas tan patentes como
si ayer no mas hubieran sucedido. En fin, mi querido amigo:
bajo la inspiracion de tan vivas impresiones, he escrito la
primera parte á que se contrae tu carta — *La campaña de la
Sierra en* 1820, que encontrarás en los adjuntos pliegos,
trabajo que te dedico como prueba de la amistad que por
tantos años nos ha unido, rogándote que lo examines, en-
miendes ó modifiques como mejor te pareciere, antes de hacerle lugar en tus colecciones.

Por lo demas, y en cuanto á las otras tres partes porque
te interesas en la carta — *Campaña de Pichincha — Campaña
de Intermedios por el General Santa Cruz — y Campaña de
Ayacucho,* —como ya me es conocida la senda y el modo de
trillarla, te prometo ocuparme mas tarde poco á poco, y re-
mitírtelás conforme las vaya terminando.

Yo me marcho á Tucuman á ver si coopero en algo á la
guerra en que se vé empeñado el pais, y esta carta con los
apuntes asi como los libros y antecedentes que me facilitaste,
te seran entregados cuando regreses del Rosario de tu con-
valecencia: debiendo prevenirte por conclusion, que no porque ahora me ausente, serán menos vivos mis deseos de

complacerte, esperando al mismo tiempo que no dejes de
escribirme como lo has hecho otras ocasiones.

Soy como siempre tu afecto amigo y antiguo compañero

José Segundo Roca.

———

Primera campaña del General Arenales.

PERÚ — 1820.

La historia de las campañas del Ejército argentino,
que, bajo el título de los Andes, combatió por la independencia de las Repúblicas Sud-americanas bajo la dirección
del General San Martin, es obra que hasta el dia entiendo
que no se ha escrito, pero ni se ha anunciado que alguno se
ocupe de ella: mas como me complazco en suponer, por
razones que es obvio indicar, que alguna pluma argentina
sea la que emprenda ese trabajo, ó por lo menos el de com-
pilar los fragmentos dispersos de esa epopeya, es para entonces que podrá utilizarse algo de los apuntes que aqui voy
á reunir.

Por otra parte: habiendo leido ahora muchos años una
memoria histórica titulada *Segunda campaña del General
Arenales á la Sierra en* 1821, recuerdo que su autor ofrecia
ocuparse mas adelante de la primera, y esperé leerla porque
habria tenido en ello una verdadera complacencia: pero bus-
cándola entre algunos amigos y posteriormente en las libre-
rias de Buenos Aires, mis diligencias han sido infructuosas.
pues todos me han respondido *que no existe y creen que aun*

no se ha escrito. Estas razones y las de que, han ido desapareciendo una tras otra las personas que con mas idoneidad pudieran haber dado noticia de esa campaña: que siendo yo el único argentino quizá que existe en el pais de los que concurrieron á ella, me considero ya tambien muy próximo al sepulcro: y lo que es aun mas, el pesar de que puedan quedar sepultados en la oscuridad los detalles de los primeros pasos de la Expedicion libertadora del Perú, empresa que en mi humilde concepto fué el hecho mas influyente sobre la emancipacion de la América meridional; todas estas reflecciones, repito, y ademas el empeño de un amigo á quien deseo complacer, me han animado ó emprender este trabajo de que nunca habia pensado ocuparme: en este concepto y sin mas pretension de mi parte que contribuir con un grano de arena á la historia argentina, he coordinado los apuntes de lo que ocurrió en los *noventa dias* de la campaña cuyo titulo encabeza estos renglones, de los cuales á mi me cupo la honra de ser testigo presencial, por haber sido entonces Abanderado del Batallon n. ° 11 que fué uno de los cuerpos que formaron la Division Arenales.

Hecho este breve exordio, solo me resta advertir, que siendo apenas un pobre soldado sin mas estudios que los que requiere su profesion, no debe estrañarse que la redaccion adolezca de faltas de toda clase, menos de la verdad pura y sencilla que ha sido mi guia, pues protesto que no tengo ni un átomo de aspiracion á la espectabilidad.

Estoy en la persuacion de que, tanto en los estados americanos cuanto en los principales de Europa, es bastantemente conocida la expedicion con que el General San Martin se lanzó desde Chile en 1820, á combatir la dominacion

española en el Perù y libertar del coloniaje el antiguo imperio de los Incas: mas si esa atrevida empresa es conocida
en grande, me atrevo á creer que no sucede otro tanto acerca de sus detalles, muy en especial en aquellos primeros pasos que siguieron á su desembarco en Pisco: yo me he pro-
puesto hacer esa demostracion ya que ningun otro lo ha
hecho hasta ahora, pero para que la narracion guarde la de-
bida cohesion con la infancia del ejército, se me ha de permitir una sucinta reseña de su origen y los primeros pasos
de su carrera.

, Amenazada inminentemente por el Oeste la emancipacion del territorio argentino, por el triunfo que alcanzaron
las armas españolas en Rancagua (Chile) en octubre de 1814,
y reagravada con los descalabros sucesivos que sufrieron
nuestras tropas en Vilcapugio, Ayouma y Sipesipe por el
Norte; la situacion se tornó tan critica y alarmante, que es-
tuvo en una disyuntiva muy peligrosa: pero disyuntiva que,
si amilanó el espiritu de los débiles y alagó el de los enemigos de la causa, reanimó en escala incomparable la energia
de los varones que levantaron el grito el 25 de Mayo de 1810
en Buenos Aires, y retempló el entusiasmo de la masa de los
pueblos. Tales circunstancias y la oportuna presentacion de
un nuevo plan de operaciones, por uno de los animosos patriotas de esa época, monumento vivo que existe todavia;
hicieron variar el pensamiento del Gobierno, y la formacion del Ejército de los Andes fué decretada bajo la direccion del guerrero mas sobresaliente que ha tenido la América del Sud. Sus hechos posteriores confirmaron superabun-
dantemente el acierto de semejante eleccion. El ejército se
creó en la antigua Provincia de Cuyo (que mas tarde se

fraccionó en tres, (Mendoza, San Juan y San Luis), con tan exiguos elementos, que el mismo General cumpliendo un deber de justicia dijo con este motivo, *mis recursos eran escasos, y apenas tenia un embrion de ejército; pero conocia la buena voluntad de los Cuyanos y emprendi formarlo bajo un plan que hiciese ver, hasta que grado puede apurarse la economia para llevar á cabo las grandes empresas.*

La creacion del ejército en Mendoza puso en jaque la dominacion española de Chile, pero el presidente Marcó pareció mirar ese hecho con desdeñosa impasibilidad. El general San Martin en consecuencia completó tranquilamente la creacion y disciplina de su ejército, y en una campaña de 24 dias, alcanzó la espléndida victoria de Chacabuco el 12 de febrero de 1817; el ejército realista perdió 1,100 soldados en este dia, 500 que entre muertos y heridos quedaron en el campo de batalla, y 600 prisioneros entre jefes, oficiales y tropa incluso Marcó su general en jefe, constituyendo el verdadero mérito de este triunfo, que el reino de Chile quedó libre casi en toda su estension de sud á norte.

El Virey de Lima como era consiguiente, no se conformó con que los territorios de su Soberano se desmembrasen tan impunemente, y se propuso restablecer el equilibrio. Pero ya era tarde. Todo lo que la causa del Rey habia perdido, en terreno, fuerzas, opinion etc. etc, lo habia ganado el general San Martin. De poco le sirvió mandar avanzar el ejército del Alto Perú sobre la provincia de Salta, dominado de la ilusion de apoderarse de las demas hasta Buenos Aires: este fué otro delirio: no contando con simpatias en los territorios que momentáneamente sojuzgó, ni con recursos bastantes, no pudo sostenerse: el general La Serna hostilizado por el general Güemes y sus gauchos de Salta, tuvo que retirarse con considerables pérdidas.

Hizo no obstante otro esfuerzo el Virey sobre el territorio chileno. Mandó un segundo ejército con el general Osorio, á reforzar los restos que habian salvado de Chacabuco y atrincherádose en Talcahuano, pero aunque consiguió una buena ventaja en Cancha-rayada, no por eso fué mas feliz que en las otras tentativas: una mano invisible parecia encaminar las cosas de otro modo: los defensores de la emancipacion americana lavaron la mancha de su confianza ó descuido, con otro nuevo triunfo el 5 de abril de 1818 en Maypo, y Chile en una pirámide mandó inscribir *gloria à los vencedores de los vencedores en Bailen* — El ejército realista perdió en esa jornada mas de 4,600 hombres, de ellos 1,400 entre muertos y heridos en el campo de batalla, y el resto de 3,200, prisioneros, incluso 190 entre generales, jefes y oficiales, menos el general en jefe Osorio que *escapó á uña de caballo*, como vulgarmente se dice: y la aurora que siguió á ese gran dia, anunció á la América el renacimiento del Sol del imperio de los Incas.

Desde ese hecho memorable en que el guerrero argentino cerró el segundo periódo de sus hazañas, sus conatos se contrajeron esclusivamente á trasladar su teatro á otra region que gemia bajo el yugo del vasallaje y clamaba por su libertad. Poco le importaba que el Virey contase con mas de 20,000 veteranos para defender el alcazar heredado de Pizarro ni que en su mayor parte fuesen de los amaestrados en la Peninsula á costa de Napoleon 1, ni que tuviese en su mano los abundantes elementos del opulento Perú. San

Martin con sus 4,000 aguerridos compañeros, con su denodado arrojo, y su incomparable ingenio, se proponia superarlo todo: pero siempre inexorable por la conservacion de la disciplina y la moral de sus soldados, por lo cual era opuesto á que un cuerpo permaneciese mucho tiempo en alguna poblacion; en la primavera del año 19 los hizo salir de la capital de Santiago de Chile á tomar cantones en Rancagua, que continuasen alli su instruccion diaria como de costumbre, hasta Junio del siguiente año que los hizo mover á las cercanías de Valparaiso, para facilitar su embarque á la expedicion del Perú en el momento dado: momento que esos soldados vieron llegar poseidos del mas ardoroso entusiasmo, porque lo deseaban para terminar su obra y retirarse á gozar en sus hogares, de la libertad y la ventura que su brazo habia contribuido á establecer en el suelo americano: y asi que la escuadra y el comboy estuvieron listos, se embarcaron entre los aplausos y aclamaciones del pueblo chileno, zarpando á su grande empresa el 20 de agosto de 1820.

No me detendré en las insidencias de la navegacion porque no es mi intento redactar ese diario, sino que me bastará decir, que á los 19 dias de viaje se encontró el comboy fondeado en la «Ensenada de Paracas,» tres leguas al sud del Puerto de Pisco y 40 de la capital de Lima, á las seis de la tarde del dia 7 de setiembre. El 8 desembarcó la primera division del Ejército y tomó posesion tranquila de la Villa de Pisco. El 16 llegó al Cuartel General de parlamentario del Virey el alferez don Cleto Escudero, con proposiciones que por entonces no fueron conocidas en nuestro ejército, pero el 19 vimos marchar á Lima como enviados

del general, acompañados de una escolta, al coronel don To-
más Guido y secretario de gobierno don Juan Garcia del
Rio: á vista de cuyo hecho, todos sospechamos por induccion,
que algo de provecho contendrian las proposiciones del Virey cuando se mandaban negociadores, o por lo menos, la
viveza astuta de nuestro General algun partido se proponia
sacar de la ocasion. Dicho y hecho. El 28 se comunicó al
ejército por la órden general, que los comisionados habian
ajustado el 26 en Miraflores (pueblito á dos leguas de Lima,)
un armisticio y suspension de armas por ocho dias No era
pequeña adquisicion la de que, la masa de diez mil veteranos
que el Virey habia aglomerado en Lima, respetaba el puña-
do de cuatro mil que estaba en Pisco, sin acabar quizá de
recuperarse del entumecimiento de la navegacion y privacio-
nes consiguientes, asegurándole á la vez su quieta permanencia en el terreno que pisaba, por una suspension de armas
solemnemente estipulada. Algunas otras reflecciones y con-
geturas haciamos en nuestros circulos privados, pero me
complazco en silenciarlas dejando el campo á los futuros
historiadores argentinos, que con mas capacidad que yo
sabrán deducirlas en honor del génio que sabia prepa-
rarlas.

El dia 4 se previno en la órden de la Division, que se
alistasen para marchar al primer aviso, los cuerpos y piquetes siguientes.

CUERPOS.	TROPAS	GEFES Y OFICIALES PARA SU MANDO.
De los Andes		
El Batallon número 11.	562	Sargento Mayor· · · · · ·don Roman Antonio Deheza
Un piquete de granaderos á caballo .	50	Id graduado Capitan don Juan Lavalle
Uno id. de cazadores. . . . id. . . .	30	Teniente · · · · · · · · · · · don Vicente Suarez
Otro id. de Artilleria con dos piezas .	25	Teniente · · · · · · · · · · · don Hilario Cabrera
De Chile		
	667	
El Batallon número 2	471	Teniente Coronel · · · ·don Santiago Aldunate.
Total.	1,138	

En la noche del cuatro al cinco, y á virtud de haber terminado el dia anterior los ocho dias del armisticio acordado en Miraflores, se puso en marcha esta division desde Caucato á las órdenes del general Arenales, acompañándola ademas hasta Yca el rejimiento de cazadores á caballo mandado por su coronel don Mariano Necochea, con una fuerza de 300 y pico de plazas. Se dió á reconocer por 2° gefe de la division y gefe del estado mayor, al teniente coronel don Manuel Rojas, que llevaba á sus órdenes al 2.° ayudante capitan de injenieros don Clemente Althaus y 3er. ayudante teniente don Juan Alberto Gutierrez.

El primer punto que tocó la division fué la hacienda de Chunchánga, pero por aprovechar el fresco de la noche no cesamos de andar, á excepcion de los descansos que se daban á la tropa, para reponerse de la fatiga que causaba la gruesa capa de arena que cubre casi todos los caminos de la costa.

La division llevaba sus descubiertas de caballeria á vanguardia, y verificó su marcha hasta la ciudad de Yca sin la menor novedad, por cuanto la fuerza del coronel Quimper no se dejó ver ni á distancia.

Nuestra entrada á la ciudad fué brillante. El cabildo, las comunidades religiosas con sus prelados, los vecinos notables de la ciudad y un inmenso gentío, salieron á nuestro encuentro. Las demostraciones de regocijo que nos manifestaban esas gentes, parecian sinceras por la espontaneidad, y llegaron al mas alto grado de entusiasmo. El alcalde de 1er. voto don Juan José Salas y todos los señores Municipales, se esmeraban á competencia en prestarnos atenciones, comedimentos y servicios, que era imposible dejar de agradecer con la mas fina sinceridad. Todos los gefes de los cuerpos fueron alojados en casa de las familias mas notables del lugar: la oficialidad de cada uno, en otras casas desocupadas que se asearon y amueblaron con cuanto se consideró preciso á su mayor desencia y comodidad; y á la tropa se le proporcionaron cuarteles en una, dos y mas casas contiguas para que estuviesen con desahogo, cuidando en particular de la carne, las menestras y las verduras para que el rancho fuese lo mejor posible.

El general Arenales inmediatamente de entrar á la ciudad y recójer datos de la direccion que tomaban los enemigos, asi como de las familias de españoles que huian para Lima llevando un gran cargamento de equipages, dinero, armamento y pertrechos de guerra de toda clase, mandó en su persecucion un escuadron del rejimiento de cazadores á caballo al mando del teniente coronel don Rufino Guido, con la órden de perseguirlos hasta batir la fuerza y apresar cuanto se pudiera: mas volvió esa misma noche dando parte de que, despues de andar mas de seis leguas, no habia descubierto rastro ni noticia la menor por el camino que se le habia ordenado; de lo que se inferia, que eran falsos los avisos dados al general: pero descansó este escuadron un poco y acto continuo volvió á marchar en la direccion de Palpa, camino que segun las últimas noticias llevaban los enemigos: y fué tan activo, que el dia 7 les dió alcance, y al primer tiroteo se le pasaron dos compañias de infanteria con sus oficiales, y se dispersó el resto en distintas direcciones: con esta adquisicion, el comandante Guido regresó á Yca conforme á las órdenes que se le habian dado. Mientras el comandante Guido verificaba esta operacion sobre Palpa, se preparaba en Yca otra pequeña division al mando del gefe de E. M. teniente coronel Rojas, compuesta de los 50 granaderos del mayor Lavalle, una compañia del re_imiento, de cazadores con su capitan don Federico Brandzen, la 3 ª compañia del batallon N° 11 con su capitan don José Videla Castillo, otra compañia del N° 2 cuyo capitàn no recuerdo quien era, y el piquete de 30 cazadores á caballo del teniente don Vicente Suarez: esta fuerza que seria como de 250 hombres, marchó el dia 12, montada la infanteria como mejor se pudo en ancas unos de otros, y dió alcance á la division Quimper que llevaba mas de 700 hombres de infanteria y caballeria, el dia 15 en el pueblo de la Nasca, y la hizo pedazos sin darle tiempo para nada por la impetuosidad del ataque. El Marqués de Quimper no habia podido apresurar mas su marcha, á causa del gran tráfago que custodiaba de familias que emigraban para Arequipa, y un gran cargamento de equipages, armamento, municiones etc. etc. que habia sacado de Yca: el fruto de este pequeño triunfo fué, 41 muertos de tropa que dejaron los enemigos én el campo, 15 heridos y 88 prisioneros, entre ellos seis oficiales, 300 fusiles y un crecido número de tercerolas, armas blancas y los equipajes de los gefes y oficiales de la division. El comandante Rojas fué informado por algunos vecinos de Nasca, que el Marqués habia hecho adelantar sobre el pueblo de Acari, mas de 100 cargas de armamento, municiones y efectos de los que habia sacado de Yca, en cuya direccion el mismo habia fugado con el resto de caballeria salvado del combate, y esa misma noche asi que los caballos hubieron comido y descansado un poco, hizo marchar al teniente Suarez con el piquete de 30 cazadores á caballo que traia á sus órdenes, á ver si lograba hacer presa de esos objetos. El teniente Suarez que ansiaba por una de estas ocasione para lucirse, como él decia, en esta vez cumplió su deseo:

tres ventajas logró el ejército con este golpe: aumento de nuestro parqué, reputacion ante el pais, y el terror de los enemigos. Verificó su marcha con una rapidez y habilidad increibles, y al dia siguiente, 16, les cayó encima á medio dia: sorprendió la escolta del comboy, les mató algunos soldados que quisieron defender el puesto, tomó prisioneros casi á todos los demas, tomó ciento y tantas cargas de municiones y pertrechos militares, y mandó que regresasen á sus casas las familias que el enemigo habia forzado a emigrar. El teniente Suarez ayudado por los vecinos patriotas de Acarí, favoreció en cuanto fué posible á esas familias, y regresó sin demora á Nasca con la rica y abundante presa que habia arrebatado al enemigo.

El teniente coronel Rojas regresó el 19 á Yca con los trofeos de su triunfo, y ese mismo dia el rejimiento de cazadores á caballo con su coronel Necochea volvió al cuartel general de Pisco.

La division Arenales continuó su marcha para el interior el dia 21 de octubre, dejando en Yca al teniente coronel don Francisco Bermudez como comandante militar, al capitan don José Felix Aldao para que crease un escuadron de caballeria, y como gobernador politico de la provincia al alcalde de primer voto don Juan José Salas, agraciándolo ademas con el titulo de teniente coronel de ejército, que el general San Martin confirmó inmediatamente.

La ruta de la division era sobre la cordillera de Huancavélica, á donde el general habia despachado con anticipacion un itinerario de las jornadas, conducido por un comisionado patriota, activo y enérgico, con un pasaporte é instrucciones, en que se ordenaba á los alcaldes de distrito, que en cada jornada de las demarcadas se reuniesen las reses y leña suficientes para la mantencion de la tropa; y en honor de la justicia y del patriotismo de los habitantes de esa ruta, y de las demas que recorrió la division Arenales, en esa época, me es satisfactorio declarar, que no solo no tuvo el comisionado la necesidad de compeler á ninguno en este ramo, sino que por el contrario, los indios, las indias y todos los habitantes venian á ofrecer espontáneamente, sus vaquitas, ovejas, papas, queso y cuanto tenian para mantencion de nuestros soldados: y hay que advertir, que algunas de estas ofrendas y demostraciones, las traian á cuestas habitantes de muy largas distancias, saludando á nuestros soldados con las palabras de *patrianos*, *patriarcas*, que sin duda creian sinónimos de patriotas: y cuando nos acercábamos á pueblos grandes situados en eminencias elevadas que no era fácil llegar á nuestro camino, se contentaban con saludarnos al paso desde la cumbre de sus elevados cerros, con sus canciones tradicionales en quichua, cantadas en coro por centenares de voces al son de sus flautas y tamboriles, que eran contestadas de nuestra parte batiendo al aire nuestros pañuelos: estas manifestaciones de los peruanos, que conocidamente eran producidas por la sinceridad de un sentimiento patriótico, entusiasmaban el ánimo de nuestros soldados, demostrándoles la grandeza del pensamiento de su general.

Atravesamos la cordillera de los Andes sin novedad que llamase la atencion, y al aproximarnos á la ciudad de Huamanga, el general tuvo aviso de que el Intendente de la provincia, Recabarren, con una compañia de infanteria y algunos milicianos, se retiraba para el Cuzco, llevando consigo los fondos de la tesoreria y algunas otras cosas de valor: el general dispuso entonces que inmediatamente marchase el mayor Lavalle con sus granaderos, sobre el puente de Pampas á ver si lo batia y le quitaba el cargamento; mas cuando llegó, ya habia pasado el rio y cortado el puente, que es del sistema de puentes colgantes del tiempo de los Incas y son tan comunes en el Perú, pero no regresó sin muestras de triunfo, pues trajo un oficial de artilleria y unos cuantos soldados que habia tomado prisioneros.

El dia 31 de octubre hicimos nuestra entrada en la ciudad de Huamanga, y fué indudablemente mas espléndida que la de Ica: la Municipalidad, los vecinos notables de la ciudad, y algunos miles de habitantes de todas las clases de la sociedad, salieron á recibirnos á distancia de mas de 15 ó 20 cuadras de los suburvios, llegando el inmenso concurso al estremo de embarazar la marcha de la columna. Asi que anduvimos algunas cuadras, encontramos á los señores de la Municipalidad con sus altas varas negras, simbolo de su autoridad, formados en línea: se acercaron al general dirigiéndole un discurso el principal de ellos, y haciendo la demostracion de ofrecerle la llave de la ciudad: pero nuestro general con ese carácter estoico, adusto y de una rigidez inflexible, apenas les hizo una cortesia con la cabeza: imperturbable, continuó su marcha á la cabeza de la columna, repitiendo la palabra —*historiadores* · · · · *historiadores*—Mi batallon formaba la cabeza de la columna, y yo iba acompañando al gefe del cuerpo, con cuyo motivo me fué fácil presenciar este estraño episodio. Semejante acto de descortesia y falta de consideracion, á un pueblo entero que con sus Magistrados á la cabeza y con las demostraciones mas evidentes de regocijo, salia á presentar el homenaje de respeto y aprecio que dedicaba á sus libertadores, nos ruborizó á todos y fué amargamente censurado por los gefes y

oficiales de la division: y un poco mas adelante que hizo alto
la columna y se dió un corto descanso, como para sacudir-
nos el polvo y arreglar nuestros uniformes antes de entrar
á la poblacion, el teniente coronel Rojas gefe del E. M.,
los comandantes Aldunate y Deheza, el mayor Lavalle y muchos oficiales de los cuerpos, corrimos á rodear á los Municipales y la gran comitiva que los acompañaba, para abra-
zarlos con el cariño y entusiasmo que merecian sus demostraciones de patriotismo, y disculpar al general describién-
doles sin embozo las raras calidades de su genial exentricidad
y rigidez, pero haciendo justicia á su valor, su rectitud y
su bonomia, asi como á sus relevantes servicios á la causa
de la independencia americana: y estos señores repuestos del
desaire que habian recibido, con las satisfacciones y since-
ros halagos que recibian de los gefes y oficiales, recuperaron
su serenidad y continuaron con júbilo sus vivas al general
San Martin, á los protectores de su libertad y á la causa de
la independencia.

Entramos á la ciudad, y tanto la tropa cuanto los gefes
y oficiales, fuimos perfectamente alojados: y en la casa dispuesta para el generel, se encontró un gran banquete pre-
parado para todos los gefes y oficiales de la division, que por
estar ya todo listo aceptó el general, no sin hacer demostraciones de reprobacion: único ejemplar que puedo yo citar
en todo el tiempo que he servido á sus órdenes ó estado á
su inmediacion, pues jamás aceptaba obsequio ni presente
de ningun género, aun cuando fuese de un ramo de flores
ó la cosa mas insignificante. El general Arenales sin dejar
de tener un corazon bondadoso, generoso y noble, tenia el
defecto de ser poco cortesano, urbano, amable: era hombre
de una picza: severo, inflecsible, rispido, como no hemos

tenido ningun otro gefe: y para que se forme juicio de la persona del general Arenales, séame permitido diseñar algunas de sus costumbres que se le vieron en esa campaña, que practicaba en público y sin la menor reserva.

En esa campaña no tenia mas que un solo ordenanza que cuidaba de su caballo de batalla, su mula de marcha y su equipaje que estaba contenido en dos petacas y nada mas. El por sus manos ensillaba y desensillaba su mula, y no consentia que ningun otro se lo hiciera: sabia herrar perfectamente, y por consiguiente, él herraba su caballo y sus mulas: en las marchas cargaba un par de alforjas en su silla, en las que llevaba una servilleta con pan y queso, un cubierto, un jarro de plata, un pedazo de carne cocida ó asada, y un poco de maiz tostado: este era su alimento favorito. En los descansos que daba á la columna en las marchas, se apartaba un poco del camino, le quitaba la brida á su mula para que ramonease, bajaba sus alforjas y almorzaba ó tomaba algo. Nunca invitaba á nadie para esta operacion: y algunas veces que á mi batallon le tocaba por su turno ir á la cabeza de la columna, yo como abanderado iba siempre al lado de mi comandante Deheza, y no pocas ocasiones me llamó el general para brindarme con algo de su almuerzo, obsequio que ni su hijo el teniente don Florentino, que iba de su ayudante, le merecia, porque no comia con él: pero dejando aparte toda reflexion, estas distinciones que el general me dispensaba, yo se las estimaba con aquella cordial sinceridad que me correspondia.

El general Arenales era tan escrupuloso en todos sus actos administrativos, que fiscalizaba y mezquinaba los intereses públicos mas que los suyos propios: nos tenia por despilfarrados, y de consiguiente llevaba las economias hasta un

punto que nos hacia desesperar. A la salida de los ordenó
que se racionasen las compañias con una res, como se hacia
en la costa, disposicion que nada tenia de particular, desde
que en la costa todo el ganado es muy crecido, y una compañia de 80 ó 90 plazas podia comer bien con una res: pero
en la sierra donde el ganado vacuno es incomparablemente
mas chico, no se podia hacer esa distribucion, y mucho menos el dia que nos daban carneros, que entregaban diez como equivalente de un novillo; por consecuencia, los partes
que se daban por los sargentos de las compañias á la hora de
lista, eran, que en una se habian quedado diez hombres sin
racion, en otras doce y en otras aún mas, cargo que sin des-
conocerse el orijen, recaia sobre el abanderado que recibia
el ganado y toda clase de raciones. En vano el comandante
reclamó al E. M. repetidas veces sobre la escasez de raciones: el jeneral con ese carácter inflexible que lo dominaba,
siempre sostuvo ese sistema de raciones como invariable,
acusando de despilfarrados á los oficiales que hacian las dis-
tribuciones: y como sobre mi como abanderado del Batallón
recaian las reconvenciones, tanto del comandante cuanto
de los capitanes de compañia, por mas que conociese la in-
justicia y procurase disculparme haciendo ver el orijen, no
remediándose radicalmente el mal como correspondia, cuando iba con la tropa á la carneada yo reclamaba á los reparti-
dores, altercaba y constantemente tenia mis reyertas con
ellos; pero viendo que nada adelantaba por esos medios, yo
discurri un arbitrio de conseguir lo que por medios le-
gales no habia logrado alcanzar. Consistia en lo siguiente—

Los rebaños de ganado en el Perú, sea vacuno ó lanar,
son tan mansos y bien domesticados, que un indio solo, una

india ó un muchacho, los maneja no siendo muy numerosos: pero cuando se acerca una persona estraña, ó un soldado en particular, el ganado lo desconoce por el traje ó por
el olfato, se asusta, se alborota, quiere disparar y no hay mu-
ralla que lo contenga: yo que habia observado esto, me pro-
puse sacar partido en favor de mi batallon: los abanderados
del 2 y del 11 ibamos todos los dias á recibir el ganado
á cualquier hora que los comisionados hicieran el reparto,
y en reserva instruia yo á los soldados que llevaba, para que
despues que nos entregasen el que correspondia al batallon,
con algun pretesto hiciesen algo como para que disparase el
que quedaba en el corral, y de entre la confusion que resul ·
tase, nos apoderábamos de una res ó de algunos carneros
mas para que alcanzase la carne para todos. Un dia de esos,
pues, que haciamos la marcha por la cordillera, el general
hizo adelantar los abanderados á recibir el ganado antes que
anocheciera: asi que llegamos al corral, observé que las reses eran muy chicas, y calculé que ese dia se nos iban á quedar algunos soldados sin racion: pero viendo entre el ganado
una vaca hermosa y gorda, quise hacerla carnear antes que
llegase el abanderado del núm. 2; pero los pastores que solo hablaban quíchua, no me entendian lo que yo les hablaba en castellano, por cuyo motivo tomé yo un lazo de los
que tenian los indios, armé la lazada, y al revolearlo para en-
lazar la vaca, el ganado se alborotó y atropelló á la puerta
del corral, pero al sentir la vaca el lazo en las astas me acometió y yo á duras penas pude escapar corriendo para saltar la pared del corral: mas el jeneral que en ese momento
llegaba al campo con la division y presenció la escena, mon-
tó en cólera y le gritaba á la vaca «cójelo, cójelo vaquita, y
mata á ese abanderado ladron»:—pero no sucedió asi por

'fortuna: yo pude saltar la pared y la vaca siguió la disparada del resto del ganado. Con este gracioso episodio me ejercitaban la paciencia los compañeros y amigos, mas el jeneral nunca se dió por entendido en ninguna de las veces que lo vi despues y aún mas tarde. Pero continuaré la narracion interrumpida por esta digresion.

Posesionados de la ciudad de Huamanga, capital del Departamento del mismo nombre, el jeneral tomó informes del estado y posiciones del enemigo, al sud que queda el [Cuzco y al norte el valle de Jauja. Dispuso tambien que el pueblo jurase la independencia, ceremonia que se verificó con la mayor pompa y lucimiento, con misa de gracias, Te-Deum, formacion de nuestras tropas ete. etc.: y mientras el pueblo estaba engolfado en estas diversiones, el jeneral mandó que un piquete de granaderos á caballo se adelantase á posesionarse del puente de Mayoc, que quedaba á nuestra retaguardia, punto indispensable para la continuacion de las operaciones: esta comision le tocó ejecutarla al teniente don Francisco Borja Moyano, que marchó con 15 granaderos y varios indios, entre ellos un alcalde muy patriota y baqueano de esos parajes. Se nombraron en seguida las autoridades que correspondian al nuevo órden establecido, quienes como en Ica se esmeraron á competencia en su atencion y servicios á la division. En la noche del 11, fuimos agradablemente sorprendidos con el parte del teniente Moyano, en que decia, que en la madrugada de ese dia habia tenido la fortuna de apoderarse del puente sin ser sentido, que sorprendió al centinela, dejándolo muerto de un pistoletazo, y habia tomado prisionera toda la guarnicion, que se componia de un oficial y 25 hombres, con sus armas, municiones y caballos: diciendo por conclusion, que el oficial le habia declarado, que el puente estaba minado artificialmente y las minas cargadas de pólvora, y que él habia sido puesto allí para darles fuego y hacerlo volar en cuanto se acercase cualquier fuerza nuestra: pero que informado él de estas circunstancias, marchó con toda la cautela y precauciones que pudo discurrir, y que la buena estrella que guiaba nuestras armas habia querido coadyuvar á su deseo: que quedaba asegurado el camino que la division debia seguir, y burlados los planes del enemigo. La division se puso en marcha al otro dia, y así que pasó el puente, campó en un pueblo distante como una legua del rio: allí recibió el jeneral comunicaciones del jeneral San Martin, y que le prevenia, que el Ejército se reembarcaba en Pisco para pasar al Callao, á ver si al presentarse en la bahia se efectuaba una conspiracion que tenian combinada los patriotas de Lima, y de no efectuarse ocuparia la costa del norte para amagar la capital y de ese modo protejer nuestra division hasta que nos reincorporásemos.

El dia 16 llegamos al pueblo de Pampas, poblacion tan grande como la de Huanta, y muy bien situada en un hermoso campo circumbalado de cerros: al siguiente el general hizo saber á la division por la órden general, que el gobernador intendente de Huancavélica se retiraba por el Valle de Jauja hácia Lima, con una division de tropas, llevándose los caudales de la tesoreria y una grande emigracion de familias de españoles empleados y comerciantes: que se escaparia sin que la division le hiciese sentir el peso de sus armas y su valor, por cuanto la infanteria no podia forzar sus marchas hasta alcanzarlo: y que siendo la caballeria la única que podia picarle la retaguardia, cuando una parte de esta andaba en otra comision; invitaba á los oficiales de los cuerpos que se considerasen bien montados, para reforzar los 40 granaderos del mayor Lavalle y acometer esa importante operacion: esta invitacion fué bien acogida, pues se presentaron quince al Estado Mayor, siendo yo uno de ellos que fui con el consentimiento y licencia de mi comandante: en el E. M. se nos ordenó presentarnos al mayor Lavalle, quien inmediatamente que nos incorporamos nos hizo formar la primera mitad, poniéndose en marcha acto continuo sobre Huancayo.

Desde que descendimos los cerros que dominan la posicion de Pampas y caimos al valle de Huancayo, valle que está tupizado por decirlo así, de numerosos pueblos de indios á muy cortas distancias uno de otro, cambió completamente la escena para nosotros: el país era abierto, llano, fértil, y el camino, por supuesto, menos fragoso que el que habiamos dejado atras: andúvimos ocho leguas á pesar de que interrumpian nuestra marcha, grandes masas de hombres y mujeres con banderas, arcos triunfales improvisados de ramas verdes y flores, danzas que bailaban á su modo y cantaban canciones con tamboriles y flautas, obsequiando con cántaros de chicha, flores, licores, dulces y cuanto tenian de mas agradable, victoreando á sus libertadores: todo les fué admitido con efusiones de aprecio y agradecimiento, menos los licores: pero nada era tan encantador como unas danzas que en uno de esos pueblos salieron á nuestro encuentro, compuestas de las mas bonitas y graciosas doncellas, figurando las Pallas del Inca: su porte modesto, su gracioso candor, pero sobre todo, el modo de espresar por medio del llanto sus íntimas emociones de placer ó de dolor, eran demostradas con la sencillez y naturalidad de su peculiar carácter: pocas veces he presenciado una escena mas conmovedora: pero nuestros soldados enchidos de satisfaccion y de ternura, sin interrumpir su marcha les manifestaban su gratitud y su entusiasmo, repitiéndoles que se habian resuelto á sacrificar su vida, por venir á libertarlos de la esclavitud y de la opresion. Entre esta sucesion de demostraciones entramos á Huancayo, cuyo vecindario en masa con el mayor entusiasmo, pretendia detenernos para obsequiarnos. Fué necesario un grande esfuerzo de parte del mayor Lavalle, para convencer á los Municipales y vecinos notables que salieron á recibirnos, de lo inconveniente de cualquier demora y la necesidad urgente de alcanzar al enemigo, ofreciéndoles que si éramos felices en el combate, á la vuelta aceptariamos sus agasajos. No insistieron en su pretension y nos dejaron pasar.

Luego que nos alejamos un poco de Huancayo, el mayor Lavalle habló al escuadron haciéndole presente, que bastaria para dejar contentos á otros pueblos ó comitivas que saliesen á nuestro encuentro, tratarlos con afabilidad y cariño sin detenerse, pues siendo la mision que llevábamos de preferencia para el honor de las armas del ejército, era impropio faltar á ese deber por atender á d mostraciones de un órden secundario: que á la vuelta y si teniamos la fortuna de reportar algunas ventajas sobre el enemigo, tendriamos un nuevo título ante esos mismos pueblos y sobrado tiempo para los regocijos. Bajo de esta persuacion marchamos con alguna mas celeridad, recojiendo al paso los victores y testimonios de adhesion y patriotismo con que nos saludaban los infinitos pueblos de que está tachonado aquel gran valle, y solo en la Villa de Concepcion nos detuvimos un poco, para cambiar unos cuantos caballos que se habian rendido, por la larga y forzada marcha que habiamos hecho: Concluida esta operacion continuamos nuestro ca-

mino, y todos los habitantes salieron acompañándonos hasta
el puente del rio, puente que poco tiempo despues defendió
heroicamente el bello sexo de Concepcion, hecho que refiere
Arenales en sus memorias con el mas cumplido elogio y
exactitud.

Continuamos nuestra marcha, y un poco mas adelante
del puente ya fué preciso ir con otra clase de precauciones,
por cuanto segun las noticias recogidas, debia hallarse no
muy distante el enemigo; siendo una de ellas la de que, el
teniente Villarreal del N° 11 de los Andes y yo, marchásemos
á vanguardia de descubridores á una ó dos cuadras del escuadron, y como media hora despues fué reforzada la descubierta con los oficiales Navarrete y Vazquez del N°. 2 de
Chile, con concepto á que, cuando uno llevase el parte de
cualquiera novedad que ocurriera, la descubierta no quedase débil. Al acercarnos à un pueblo situado á la ribera del
camino que llevábamos, vimos á un soldado español que salia á galope del pueblo, lo corrimos, y Vazquez que iba mas
bien montado que nosotros, lo alcanzó y le intimó rendicion:
mas no quiso rendirse el español, y lejos de eso, diciéndole
una porcion de insultos y groserias, sacó una pistola y le
disparó un tiro, que no acertándole, Vasquez se le fué encima y de un sablazo lo derribó al suelo herido: en esto llegamos nosotros: y declarando el prisionero, que como á dos
ó tres cuadras de alli habia una avanzada de doce hombres
con un oficial, le amarramos, los brazos á la espalda ase-
gurándolo bien, lo dejamos tendido en el suelo y marchamos á galope á ver si sorprendiamos la avanzada: en efecto:
la encontramos en el bajio de un rio seco que estaba ensi-
llando sus caballos, pero nosfuimos encima sin darle lugar
á nada, y todos fueron tomados sin matar ni herir á na—

die, escapando tan so'o un cabo que montaba un buen ca *
ballo, al cual no pudo alcanzar el teniente Villarreal que lo*
corrió hasta las orillas del pueblo de Jauja. A los prisioneros los hicimos tender de boca al suelo, les amarramos
los brazos á la espalda y los conservamos asi haciéndoles la
centinela, hasta que llegó el mayor Lavalle que dispuso de
ellos.

Empezaba á oscurecer la noche cuando llegó el escuadron donde nosotros estábamos, y el mayor se puso á exa-
minar al oficial prisionero, acerca de la division enemiga,
la fuerza de que constaba, que número de cada arma, el
plan de sus operaciones y marchas, y cuanto mas convenia
á nuestra situacion; y dispuso que á los prisioneros se les
ensartase un lazo por el brazo derecho, echando á cada uno
una lazada, y que los condujese un cabo con dos soldados á
retaguardia del escuadron, llevándolos á pié hasta la Villa
de Jauja que estaba á pocas cuadras: hizo cambiar á algunos
granaderos los mejores caballos que dejaban los prisioneros,
y los restantes que se llevasen acollarados: formó el escuadron á son de combate, colocando á la cabeza los oficiales
agregados por filas de á 4, poniendo á la derecha al capitan
del Nº 11 don Nicolas Medina, salteño (1), y á la izquierda
al teniente don Florentino Arenales, hijo y Ayudante de
campo del general de la division. En este órden marchó
al trote el escuadron, y al acercarnos á la poblacion salió un
patriota á gran galope á encontrarnos: habló con el mayor

1. Este oficial es el mismo que en marzo de 1829, siendo ya coronel graduado y gefe del rejimiento No. 4 de cabe leria del ejército Nacional, murió en el combate de las Biscacheras, frontera sud de Buenos
Aires, donde tambien murió el coronel don Federico Rauch, el 28 de
marzo—C. E.

y le dijo, que los enemigos acababan de abandonar la plaza sabedores de nuestra aproximacion, que tomaban la direccion de Tarma y que debian ir muy cerca todavia. Llegamos á la plaza, y en el acto se abrió la puerta de calle de una gran casa que se hacia notable en uno de sus frentes, de donde salió un caballero montado en un hermoso caballo, el cual se presentó al mayor Lavalle ofreciéndole con las mas positivas muestras de entusiasmo y enternecimiento, sus servicios, su persona y sus intereses en favor de la patria, añadiendo que dentro de pocos minutos se le reunirian ocho ó diez hombres mas, bien montados, armados y municionados á su costa, que habia estado preparando desde que tuvo noticia de que se acercaban las tropas libertadoras, todos resueltos como él á sacrificar su vida en defensa de la Patria. El mayor entregó á este sujeto los prisioneros que traiamos, encargándole bajo responsablidad, su conservacion y custodia en el cuartel, en la cárcel ó en alguna casa segura hasta nuestra vuelta.

Se arregló de nuevo el escuadron, se mandó una descubierta de ocho granaderos con un oficial á vanguardia, se nos dió la contraseña de *San Martin,* para conocernos reciprocamente en cualquier caso de confusion ó entrevero con los enemigos en el ataque que ibamos á hacerles, y nos pusimos en marcha guiados por varios patriotas jaujinos que se empeñaran en acompañarnos. Serian las ocho y media ó nueve de la noche del dia veinte de noviembre que nos pusimos en marcha alumbrados por la claridad de una hermosa luna, que en la elevacion de esas encumbradas sierras, sin duda que la atmósfera es mas pura y diáfana, llevando el mayor Lavalle á la cabeza: no habiamos andado una hora cuando descubrimos el grupo de la columna enemiga que empezaba á subir la cuesta, y el mayor mandó *al trote*; y asi que nos pusimos casi encima, se dejó oir la tremenda voz de *á la carga*, que resonó en las concabidades y quebrados de aquellos cerros: mas como el camino por estrecho, no permitia que el escuadron desplegase en batalla, esto dió lugar á que los oficiales agregados tomúsemos las sendas de la derecha é izquierda, ya para echarnos sobre el enemigo, ya para ponernos á la par de nuestro jefe que era el primero á la cabeza: sorprendimos la columna enemiga en el órden de marcha: y aunque su jefe dió la voz de desplegar en batalla con frente á retaguardia para recibir la carga, ya era tarde, estábamos encima acuchillándolos: todo fué en ellos desórden y confusion que no atinaban á nada. en esto rodó mi caballo entre unas piedras, y arrojándome por la cabeza caí entre los infantes enemigos, que nuestra descubierta y oficiales sableaban sin piedad: corri un gran riesgo en aquel trance estraordinario: algunos se acercaron á mi confundiéndome con los enemigos al verme pié á tierra, pero les daba la contraseña *San Martin*, me reconocian y pasaban: yo estaba empeñado en hacer levantar mi caballo para montar y seguir, cuando en esto se me vino encima uno de los granaderos que venian mas á retaguardia, quien suponiéndome enemigo me cargó de firme á tajos y estocadas: yo le daba y repetia la contraseña haciéndole quites y defendiéndome al rededor de mi caballo, y quizá hubiera sido víctima de este soldado enfurecido: por casualidad habia oido mis voces el mayor Lavalle, se vino al paraje de la escena á saber que era, y reconociéndome á mi y al soldado Maruñú, le dió un grito mandándole que se fuera á la formacion, y solo asi me vi libre de aquella fiera.

Despues hablando de este episodio con el teniente don Vicente Suarez, me dijo, que el soldado Maruñá era natural del Paraguay, y de los fundadores del rejimiento de Granaderos en 1812 en Buenos Aires: que este soldado era tan honrado como valiente, pero tan feroz y de una pujanza tan grande, que al godo que en un combate él lograba darle un sablazo á su gusto, era seguro que le partia la cabeza con morrion y todo como si fuera una sandia: que esto lo sabian en el rejimiento por esperiencia, por que asi se lo habian visto ejecutar en Chacabuco, en Maipo y en cuanto combate se habia encontrado: que me habia librado de una muerte tan segura como atroz. Pero en fin, sigamos: mi caballo en su caida se habia estropeado tanto entre las piedras, que se habia pelado desde el hocico á la frente, le chorreaba la sangre y estaba inservible; pero uno de los patriotas jauninos me facilitó el suyo, lo ensillé y marché á incorporarme á los perseguidores: el enemigo huia en derrota á ganar la cima de la cuesta, y nuestro escuadron lo arreaba, por que les caracoles del camino no presentaban terreno para desplegar: gracias á esa circunstancia, que á no ser asi los estragos hubieran sido mayores: sobre la marcha ibamos refleccionando, que si por alguna circunstancia nos hubieramos retardado diez minutos y el enemigo hubiera posesionádose de la cuesta, ó se nos escapaba dejándonos burlados, ó para forzar esa fuerte posicion cuantas desgracias no hubiésemos sufrido: pero en fin, llegamos á la cumbre y tomamos dos cañones, varias cargas de municiones, algunos prisioneros de tropa entre ellos cuatro oficiales, siendo uno de estos el teniente don Pedro Bermudez, peruano, que tomando despues servicio en los cuerpos que se formaron ascendió hasta la clase de general, y como quince años mas tarde llegó á ser presidente de la república. La division enemiga que se componia de un batallon de infanteria, un escuadron de caballería y algunos piquetes resagados de otros cuerpos que habia recojido en su marcha desde Huancavélica hasta Jauja, formando una masa de mas de 650 hombres, siguió su precipitada fuga hácia Tarma con su gefe el Intendente de Huancavélica don N···· Montenegro, protejida por la oscuridad de la noche pero dejando en el campo mas de 40 muertos, que no sin asombro vimos despues que el boletin del ejército hablaba de 8 solamente, quien sabe si por error de imprenta, si por negligencia ó intento del escribiente del general Arenales, ó por cual otro motivo que ninguno de nosotros se propuso despues averiguar: pero sea de ello lo que fuere, asi que el escuadron llegó á la cima de la cuesta se suspendió la persecucion, ya por que los enemigos debian ir muy distantes pues no se sentia el menor rumor, ya porque no era prudente continuarla en la oscuridad de la noche, cuando bien podiamos caer en alguna emboscada y sufrir un contraste que empañase el triunfo alcanzado, y ya en fin, por que la mayor parte de los caballos estaban muy rendidos por la marcha forzada del dia, por la fatiga y el trabajo de esa noche, y lo peor de todo, por estar muy mal comidos—Se tocó reunion, se pasó lista despues de un rato y solo se echó de menos un oficial, que siendo conocida de todos nosotros la causa de su ausencia, esperábamos que no pasaria mucho tiempo sin que se nos reuniera, como en efecto asi sucedió: en aquel suceso no tuvimos por nuestra parte ningun herido ni mas novedad que los muertos del enemigo y la caida de mi caballo en que se peló la cabeza, y en estos mismos términos el mayor pasó el parte por escrito al general.

Reunidos los oficiales en torno del mayor mientras des-
cansaban un poco los caballos, la conversacion se redujo á
referir cada uno algun episodio de los que son tan comunes
en casos semejantes, y habiendo relatado yo á mi turno, que
habia visto con horror á un granadero degollar contra sus
piernas á un soldado enemigo, nos dijo—«ese, es un bandi-
«do paraguayo que tiene esa maldita costumbre, con todo
«enemigo que cae en sus manos en los combates: no hemos
«podido quitarle ese vicio feroz, por mas esfuerzos y aun cas-
«tigos que le hemos impuesto: es preciso matarlo ó dejarlo:
«ese es el mismo que persiguió á usted ahora por equivoca-
«cion, dijo dirigiéndose á mi: por lo demas, es un escelente
«soldado.»

Como la cumbre de la cuesta era un cerro pelado que
no tenia pasto ni cosa que pudiesen ramonear los caballos,
el mayor Lavalle se informó de los jaujinos que nos acom-
pañaban, que como á media legua al costado habia un mo-
lino que tenia un potrerillo que quizá tendria alfalfa: en esta
virtud, se dejó una avanzada al mando de un oficial con las
instrucciones convenientes, y el resto del escuadron se dirijió allá: al acercarnos sentimos bulla y tropel de caballos,
por cuya novedad se destacaron dos partidas por derecha
é izquierda, siguiendo nosotros por el frente; y asi que llegamos, vimos que era una partida de cinco soldados con un
sarjento que conducia á Tarma catorce cargas de equipaje,
del Intendente Montenegro, de su familia y de algunos jefes
y oficiales de su division, y ambas cosas quedaron prisione-
ras: y descubriendo que el potrerillo estaba completamente
talado, el Mayor dispuso regresar con el escuadron inmediatamente á Jauja, á ocupar el cuartel que habia dejado
el enemigo con un abundante forraje acopiado, dejando los

prisioneros y equipajes tomados, á cargo del teniente Navarrete con una pequeña partida para ser conducidos al siguiente dia.

Asi que llegamos á Jauja, lo primero que se hizo fué, repartir forraje á los caballos que hacia muchas horas que no comian, y al salir el sol me ordenó el mayor que me aprontase para llevar el parte al general Arenales; pero habiéndole hecho presente, que me tenian muy aquejado las contusiones que la noche anterior habia sufrido cuando rodó mi caballo en el acto del combate, me eximió de esa comision y me dijo que me retirara, que nombraria á otro: en efecto, recayó la eleccion en D. F. A., el mismo oficial que habjamos echado de menos cuando dimos la carga en la cuesta la noche antes. Marchó este oficial con el parte hasta encontrar la division que continuaba su marcha, y deseoso el general de conocer algunos pormenores que no se le referian, siguió haciéndole varias preguntas: mas el oficial con una ligereza indiscreta, no solo le refirió lo que pudo ver y aun lo que no vió ni sucedió, sino que, segun nos informaron despues algunos compañeros que presenciaron el lance, le habia agregado, que por haber sido poco activas las marchas y la persecucion, se habia dejado escapar al Intendente Montenegro y sus tropas, con otros agregados de su cabeza altamente ofensivos á la reputacion bien adquirida del mayor Lavalle: esto exitó naturalmente las suscepibilidades del general, y no pasaron muchas horas sin que ocurriese una escena que pudo ser de graves y muy funestas consecuencias, de la cual nosotros fuimos mudos espectadores.

La misma noche del 21 llegó á Jauja la division, y pocos momentos despues el mayor reunió todos los oficiales que lo habiamos acompañado, para ir á saludar al general que ya estaba instalado en una casa. Entramos y lo encontramos acompañado del Jefe de Estado Mayor Rojas y los comandantes Aldunate y Dehesa. Nos recibió de pié, como era su costumbre hasta con el mas infeliz, pero su cara y su mirada tenian algo de notable que llamó nuestra atencion: y sin esperar que el mayor pronunciase una palabra, le dijo con toda la severidad de su caracter — *Usted, señor capitan, no ha cumplido con su deber* — A estas palabras, que como un golpe eléctrico hicieron salir al rostro del increpado la impresion que le habian producido, y que, mas que un cargo parecian una provocacion, que Lavalle jamás eludia por mas alta que fuese la categoria que se la hiciera, respondió dando un paso adelante, agarrando al general por la sangria de un brazo y sacudiéndolo le dijo, con la cólera pintada en el semblante— *Señor general, es una impostura que yo he de vengar con sangre* — Visto esto por el comandante Aldunate, amigo intimo de Lavalle, se lanzó sobre él y lo separó: los demas gefes hicieron otro tanto con el general, pero este dió gritos repetidos á su guardia, que por las palabras entrecortadas que se percibian entre el bullicio, comprendimos que pensó en aquel momento cometer una tropelia: pero felizmente la tormenta se apaciguó, dando por resultado el arresto de Lavalle en su alojamiento y la órden de seguirle un sumario: este se concluyó antes de veinticuatro horas constando de catorce declaraciones, en que los oficiales que lo habiamos acompañado espusimos uniformemente el órden de las marchas que el escuadron habia hecho, las medidas de prevision y cautela con que atravesamos los pueblos del tránsito, los espias que el mayor habia despachado sobre el enemigo, y las diferentes precauciones, en fin, tomadas para cruzar aquellas quebradas y terrenos desconocidos hasta la hora del ataque: lo cual visto y bien meditado por el general, usó la grandeza de confesar el error á que se le habia inducido, mandó poner á Lavalle en libertad, dándole una completa satisfaccion por la órden general (1) y haciendo pedazos la sumaria delante de todos los gefes que habian presenciado el pasaje. Corridos algunos dias llegamos á averiguar, que el chismoso habia fundado su enredo en que, las marchas que habia hecho el escuadron desde que se desprendió de la division en Guanta, no habian sido tan rápidas como habria convenido para llegar á Jauja mas temprano y verificar en claro dia el ataque, por motivo de haberse detenido á recibir las ovaciones con que el vecindario y comunidades de indios de los pueblos del tránsito saludaban á sus libertadores, y otros chismes por este estilo, despreciables por su objeto y fundamentos: pero como todos estos puntos habian sido plenamente esclarecidos en la sumaria, la oficialidad de la division quedó convencida de la mala indole del calumniante, á la vez que de la satisfactoria comportacion del mayor Lavalle, mucho mas cuando asi lo habia declarado el general en la órden del dia.

Al siguiente dia, 22 de noviembre, se preparó otra lijera columna á las órdenes del teniente coronel Rojas, jefe del Estado Mayor, compuesta del batallou núm. 2 de Chile y el escuadroncito de Granaderos á caballo, con el objeto de

1. Como ocho meses despues de este acaecimiento, sucedió otro muy semejante en la segunda campaña á la Sierra en 1821—Este mismo oficial indispuso al teniente coronel don Blas Cerdeña (despues Gran Mariscal del Perú) ante el general Arenales, por cuya causa hubieron altercados, reconvenciones y hasta insultos de parte á parte, llegando hasta el grado de que el primero desembainó el sable, y en actitud ya de tirar

que fuese á tomar posesion de la villa de Tarma que distaba ocho leguas. Por la tarde se puso en marcha con el designio de hacer su jornada en la noche, y lo consiguió en efecto, pues sorprendió en la madrugada del 23 los restos de la division Montenegro, tomó prisionero al mismo intendente, algunos oficiales y tropa de los escapados de la cuesta de Jauja, 6 piezas de artilleria, 50.000 cartuchos á bala y gran número de armamento y otros pertrechos. Así concluyó esa division realista, que venia huyendo de nosotros desde Huancavélica.

Tres ó cuatro dias despues llegó á Tarma el general Arenales con el batallon núm. 11, la artilleria y el parque, y sus habitantes encabezados por el patriota arjentino don Francisco de Paula Otero (natural de Jujuy y mas tarde general del Perú), deseosos de manifestar su decidida adhesion á la causa de la libertad é independencia, solicitaron acreditarla bajo de un juramento público como lo habia hecho la ciudad de Ica; y el general persuadido de la utilidad y conveniencia de tal demostracion, cuando además asi se lo prescribia el general San Martin en sus instrucciones, accedió al pedido y acordó el modo y forma de verificar la ceremonia.

una estocada al general, llegó por casualidad el coronel, entonces, don Rudecindo Alvarado, los apartó y desarmó á Cerdeña—Pasado ese primer impulso y con la interposicion del general Alvarado, se hizo una breve indagacion del hecho, se descubrió la maldad del oficial, y el general Arenales despues de satisfacer cumplidamente á Cerdeña, lo llevó á su lado como su primer Ayudante de Campo. Desde entonces, Cerdeña fué el mas intimo y leal amigo que tuvo el general Arenales, y el único que hasta el último momento lo acompañó en 1823, cuando dimitió el mando del ejército del Perú con motivo de la revolucion de Riva Agüero, y dejó aquel pais para regresar á Salta—Pero el calumniante, en la segunda como en la primera vez, quedó impune.

En efecto: al amanecer del dia señalado, se vió la poblacion adurnada de colgaduras, arcos y banderas, y los cuerpos de la division formados de parada en la circunferencia de la plaza, para solemnizar con salvas de fusil y artilleria el acto del juramento. ¹ En el centro de la plaza se habia elevado un tablado con un altar de la Patria que rodeaba el vecindario y un inmenso gentio, ante el cual el general Arenales recibió los votos de los empleados civiles, militares y eclesiásticos, y en masa el pueblo de la provincia, que en altas voces pronunciaba su juramento con el mas ardiente y decidido entusiasmo, á que se siguieron los mas festivos victores y aclamaciones á la libertad, complementándose el acto con una misa y solemne *Te-Deum* que se celebró en la iglesia Matriz, en accion de gracias al Todopoderoso por la proteccion que habia dispensado al Ejército libertador en aquella grandiosa empresa, y al pueblo peruano que á su sombra iba conquistando su emancipacion del poder despótico de España.

Las fiestas y regocijos populares continuaron en los dias siguientes, pero el general solo pensaba en los objetos de su mision: por lo cual, remontada la caballería con caballos que oblaron los patriotas tarmeños, repuesto el armamento de los cuerpos que se habia inutilizado en las marchas, y aumentado nuestro parque con el abundante material tomado al enemigo, la division continuó su marcha el dia 2 de diciembre, sobre el mineral de Pasco, ó de Yauricocha como era su nombre verdadero, dejando como gobernador intendente de los pueblos de Tarma, Jauja, Concepcion y Huancayo al benemérito patriota don Francisco de Paula Otero, á quien el general espidió el título de coronel; encargándole especialmente el arreglo y organizacion de los cuerpos de milicias de esos mismos pueblos tanto para apoyar la fuerza que habia quedado oreando en Ica el comandante Bermudez, cuanto para protejer la retaguardia de nuestra division.

Batalla de Pasco.

El dia 5 de diciembre cerca del medio dia llegamos á la villa de Pasco, pueblo que queda al sud del mineral á tres leguas, pero con una alta y áspera serranía de por medio. Por los espias se tenian positivas noticias de que el general O'Reilly no se habia movido con la division de tropas que el virey de Lima habia destacado para sostener la posicion del mineral, y esto significaba, que á toda costa se trataba de impedirnos el paso á reunirnos con el general San Martin y el grueso de nuestro ejército, que conforme al plan de operaciones ya debia hallarse en las costas del norte de Lima: mas si para realizar esta maniobra era preciso hacernos paso librando un combate, tambien era indispensable conocer el terreno que teniamos que atravesar, por si en la noche el enemigo se avanzase á tomar alguna posicion ventajosa de tantas en que abundan aquellos lugares quebrados, con el intento de sorprendernos sobre la marcha. En este concepto, el general se propuso practicar en persona un prolijo reconocimiento, y luego de campada la division, marchó acompañado del jefe del Estado Mayor, Rojas, del injeniero capitan Althaus y del mayor Lavalle con su escuadroncito de Granaderos, regresando al anochecer despues de haber visto y examinado el terreno y posiciones adyacentes, y de haberse cerciorado por sus propios ojos de que el enemigo permanecía en la poblacion del mineral.

Esa noche sobrevino una fuerte tempestad con truenos, relámpagos y lluvia, que, como generalmente sucede en aquellas elevadas rejiones, á poco andar se convirtió en una gran nevada. Al amanecer el dia 6, nuestra division se puso en marcha preparada al combate, resolucion que hasta la misma naturaleza parecia prestarle su proteccion, pues la nevada fué disminuyendo en proporcion que adelantaba el dia, hasta que por fin se disiparon completamente los nublados y asomó el sol.

El general Arenales á mérito del reconocimiento que habia practicado la tarde anterior, calculaba y con razon, que el enemigo se aprovecharia de la posicion inespugnable que. ofrece la alta cuesta que el mineral ti ne por la parte sud: suponia, que no solo le disputase el engargantado paso de la cuesta por su posicion dominante, sino que, abrazando con sus fuegos desde la altura á nuestros soldados, le valiese quizá el triunfo, pues podia aniquilarnos á mansalva, parapetado de los crestones y peñascos de que es erizada la montaña: suponia en fin, que entre tantas ventajas que le ofrecian aquellas localidades, aprovechase la principal de dejar fuera de combate, y sin medio de evitarlo, á nuestra caballería, que habia sido su terror, desde que su intrepidez y movilidad tantos estragos, tantas y tan continuadas derrotas le habia causado en toda la campaña hasta aquel momento. Pero no fué asi. Contra los cálculos de nuestro general, contra las reglas de la estratejia, y contra la pericia que habiamos visto desplegar á otros jefes y oficiales realistas en aquella corta campaña, vimos que la cosa no era como nos figurábamos: vimos que el general O'Reilly habia desechado tan positivas ventajas: pero en cambio vimos tambien, que estaba resuelto á jugar el éxito de la campaña en un combate. Esto significaba su permanencia en Pasco.

El general Arenales por su parte, convencido de que, si las fuerzas españolas habian hecho pié en aquel punto, era con la decision de resolver el problema, no le quedaba otra alternativa que aceptar el reto, y en tal concepto combinó sus maniobras tomando siempre la iniciativa: dividió la fuerza en consecuencia, en el siguiente órden:

El batallon núm. 2 con una fuerza como de 540 plazas, en columna en masa, formaba nuestra ala derecha al mando de su comandante don Santiago Alduuate: era destinado á flanquear la izquierda enemiga aprovechándose de las alturas, maniobra importante que debia efectuarse á toda costa y con la mayor rapidez, pues la linea enemiga establecida diagonalmente del sudoeste al nordeste, dejaba por consecuencia esta ala mas retiraba hácia su retaguardia, y lográndose el golpe, era seguro introducirle la confusion por la espalda.

El batallon núm. 11 (á que yo pertenecia) con casi otras 340 plazas en masa tambien, con las dos piezas de artilleria, formaba la ala izquierda al mando del sarjento mayor don Roman Antonio Deheza: este cuerpo debia marchar de frente por el camino real, y como mas veterano y aguerrido en las campañas de Chile, además de diestro en el ataque y escalamiento de posiciones fortificadas, como lo habia acreditado en el asalto de la plaza de Talcahuano; estaba encargado de hacer su ataque al foso en que se parapetaba la derecha enemiga, punto culminante de su linea, en que se calculaba que hubiese situado su mayor y mejor fuerza.

La columna de reserva se formó de cuatro mitades del núm. 11 y otras cuatro del núm. 2, debiendo ocupar el centro de las dos anteriores, al mando del jefe de Estado Mayor teniente coronel don Manuel Rojas, y ademas el escuadron de caballeria á las órdenes del capitan con grado de sarjento mayor don Juan Lavalle. La reserva tenia órden de marchar siempre al centro de las dos alas, como una á dos cuadras á retaguardia, observando sus movimientos para prestar proteccion á cualquiera de ellas en todo evento.

Dispuesta de este modo nuestra marcha y desplegadas las respectivas guerrillas á vanguardia de cada columna de infantería, rompimos el movimiento á las diez de la mañana cada cual en su direccion. A poco andar ya empezamos á repechar las escabrosas faldas de la cuesta, cuyo cordon se prolonga de oriente á poniente por mas de una legua en forma de anfiteatro muy inclinado. La marcha se hacia con cautela en precaucion de alguna celada, pues de trecho en trecho, ibamos descubriendo crestones, piedras, cortaduras y posiciones cada cual mas ventajosas, propias para disputárselas al enemigo mas osado y valiente que se atreviese á acometerlas. Nuestra admiracion crecia á cada paso, viendo las ventajas de la localidad que el enemigo habia desechado, y meditábamos de que clase podrian ser las que habia preferido; y nuestros soldados con esa lójica inflexible del tablado, todo lo atribuian á cobardia del enemigo, á que buscaba en los pueblos paredes en que parapetarse, y rebosaban en ardimiento y entusiasmo: deseaban descubrirlo ya, irsele encima y hacerle sentir el poder de las armas que habian conquistado la libertad del suelo chileno.

Haciamos la marcha con todas las precauciones de práctica, esperando de un momento á otro principiar la funcion de aquel dia, con las descubiertas ó batidores con que imajinábamos tropezar, tras la serie no interrumpida de pedrones y picachos de que está salpicada aquella serranía: pero no encontramos á nadie: el campo estaba sólitario: no se descubria ni un soldado realista, ni un centinela perdido como para llevar á su general la noticia de nuestra aproximacion ó movimientos: todo el espacio que ibamos atravesando era un desierto. Asi continuamos por largo tiempo, hasta que por fin llegamos al boquete que forma el camino de la cumbre, en donde nuestra descubierta percibió una pequeña avanzada que al avistar nuestros esploradores se puso en retirada algo mas que veloz, cediéndoles el puesto sin disparar un tiro.

Parece que desde que habiamos salido de Chile, todo lo que se presentase á nuestra vista estaba destinado á hacernos una impresion de novedad; y bajo este concepto, desde que pisamos el suelo peruano, cuanto veiamos nos causaba impresion. La estructura de las poblaciones, el aspecto de los campos, las costumbres de sus habitantes, las efusiones de adhesion y entusiasmo con que éramos recibidos por los vecinos de los pueblos, el idioma, las palabras mismas de cariño que nos dirijian; todo, todo, era nuevo para nosotros, y muy distinto de los usos arjentinos y chilenos. Esta singularidad, estas particularidades, tan diversas en todas las latitudes de la América, no podian faltar en aquel momento, al exhibirse á nuestra vista el afamado mineral de Pasco. Nuestra columna tomaba posesion del portezuelo de la cumbre, cuando vimos aparecer al núm. 2 á nuestra derecha coronando la cima de la serranía, conforme á la combinacion ordenada por el general. Nuestra posicion dominaba toda la comarca, y desde ella se veia á nuestros piés perfectamente todo el terreno, circumbalado de un cordon de altos cerros. Vimos una poblacion de aspecto triste como en un pozo, al centro de una superficie muy desigual, en medio de dos lagunas cuya agua era de color verde: no se veian torres, templos, edificios ni otras obras que demostraran exteriormente, la grande opulencia que en los pueblos que habiamos dejado atrás nos ponderaban que producia la tierra: tenia el aspecto de un miserable pueblo de indios, sin arreglo de calles ni cuadratura de manzanas: todo el terreno sembrado de bocas-minas: la entrada al pueblo por el camino del sud, que era el que llevaba nuestra division, defendida por una estrechura engargantada, del lado del naciente por una de las lagunas y del poniente por una ciénaga ó pantano grande, y además, cortada por un zanjon ancho y profundo que desagua la laguna: este se conocia que habia tenido un puente de arqueria de piedra, pero se echaba de ver que lo habian deshecho para hacer mas inaccesible el paso. Este era el golpe de vista, del campo que dominaba el enemigo: y esas tropas ¿dónde estaban, que no se presentaban á nuestra vista? Hasta en esto hubo su singularidad. El general enemigo pensando quizá causar una fuerte impresion en el ánimo de nuestros soldados, despues que vió, asomar nuestras masas en el perfil de la altura, hizo salir sus batallones á tambor batiente de los cuarteles y tomar sus posiciones á nuestra vista: y no se crea que lo hicieron con apuro, con prisa, por vernos á su frente: no señor: marchaban con una calma y parsimonia, que mas parecia que lo hacian por ostentacion de su disciplina o por desprecio á nosotros, que por confianza en el triunfo: pero cualquiera que fuera la idea que los dominase, no eran ellos los que con esas apariencias podrian impresionar el ánimo de nuestros soldados, que los habian batido y dispersado en mas de diez parajes en los sesenta dias que llevábamos de campaña. Pero en fin, la fuerza se presentó, y la computamos mas numerosa que la nuestra: pero el número poco importaba: con ventajas asi y aun mayores, habiamos medido nuestras armas en todas partes, y en todas partes no habian podido resistir nuestro empuje. Pero dejemos á un lado toda reflexion, y veamos como desplegaron su linea.

Colocó el general enemigo en la ala derecha, su ponderado batallon Victoria (a) Talavera, fuerte de mil plazas poco mas ó menos, en tres lineas, para sostener el paso del camino real, pero parapetado de la gran zanja que desaguaba la laguna y hacia inespugnable la posicion.

En seguida del Victoria y sobre un pequeño morro al centro de la linea, sus dos piezas de artilleria, que á manera de reducto, podian barrer con sus fuegos la cortadura del camino, al mismo tiempo que la planicie que se estendia sobre su izquierda hasta una larga distancia.

En el ala izquierda aprovechando un lijero bajio, situó el batallon Concordia, fuerte al parecer de mas de cien plazas, bajo los fuegos de su artilleria, pero completamente parapetado contra toda tentativa de nuestra parte, por la gran laguna de Patarcocha que cubria su frente.

Y completó su formacion, colocando en la estrema derecha su caballeria, que no faltó quien la calculase en mas de 200 jinetes, pero que á mi juicio y el de otros compañeros, tendria á lo sumo 150: pero cualquiera que fuese el número de esta arma, su colocacion parecia calculada solo para el caso de alcanzar la victoria, pues que, como la nuestra, no tenia terreno para operar, ya porque el paso del camino real estaba cortado por el gran foso y defendido por infanteria y artilleria, ya por el insuperable obstáculo del pantano que resguardaba el flanco hasta una larga distancia: y para terminar esta descripcion básteme decir que, toda su linea estaba colocada trás de un prolongado obstáculo, que solo á fuerza de coraje y de maniobras lijeras como el rayo, podria únicamente ser desconcertada. Esta era la formacion del enemigo.

Viendo el general Arenales que la posicion enemiga era escncialmente defensiva, de acuerdo con los jefes de division, dispuso su plan de ataque. Se acordó, que, bajando las columnas á la pampa, el núm. 11 atacase el foso del camino real, desprendiendo una compañia que por una maniobra rápida cortase la línea enemiga por el centro, aprovechándose para ello de la ribera de la laguna: que mientras esta compañia llamaba la atencion por el centro, el resto del batallon emprendiese una carga sobre los Talaveras, pasando el foso á toda costa: que lo que convenia era, un ataque impetuoso. Que el batallon núm. 2 siguiese su obra de flanquear la izquierda enemiga, pero con toda la celeridad imajinable, consultando la simultaneidad del ataque, Que la reserva prestase mas atencion á la carga que se encomendaba á la ala izquierda, por cuanto ella venia á ser el punto cardinal; y que el batallon de granaderos á caballo, estando á la mira del momento de facilitarse el paso de la cortadura, cayese sobre la caballeria é hiciese cuanto le fuese posible, en una funcion que sin duda iba á ser la decisiva de la campaña. Esto quedó resuelto en la junta de guerra. Antes de emprender el movimiento advertimos, que las alturas de la circunferencia e. taban coronadas de indios, y que del lado nuestro bien se podrian calcular los grupos en mas de quinientos. Si debiesen ó no tomar participacion en el combate que se preparaba, no podiamos saberlo por falta de datos.

Emprendieron la marcha ambas columnas á su destino: mas en cuanto el enemigo se apercibió de la maniobra del batallon núm. 11 sobre la cortadura, y aun antes de encontrarse al alcance de sus piezas, empezó á molestarnos con sus fuegos de artilleria y fusileria. Haciamos la marcha medio encubiertos por una colina que habia antes de

caer sobre la cortadura, ventaja que, supo aprovechar el Mayor Deheza para organizar su ataque. Destinó la compañía de cazadores al mando de su capitan don Nicolás Medina, para que pasase por sobre los muros de la compuerta de la laguna ó como el terreno se lo permitiese, y ejecutase el ataque al centro de la línea enemiga como estaba combinado; para lo cual se apartó de la formacion, y por hileras desfiló en guerrilla por el costado derecho, ocultando su movimiento por entre una fila de chozas y ranchos que habia entre la ribera de la laguna y el camino real. El batallon tambien se movió para irse encima de la cortadura, pero en ese momento se advirtió en la tropa cierto aspecto de vacilacion ó encojimiento provenido sin duda de no haber ocurrido ninguno de esos preliminares de escaramuzas, tiroteos, provocaciones de palabra, ó agudezas picantes con que se templa el ánimo de los combatientes: y advirtiéndolo el Mayor Deheza con la perspicacia del guerrero esperimentado, como inspirado por un golpe eléctrico, picó con las espuelas el hermoso caballo chileno que montaba, y trepando á galope la colina, fué la primera figura que se exhibió á la vista del enemigo: de allí dirijió al batallon unas cuantas palabras enérjicas entusiasmadoras, que me es sensible no recordalas para repetirlas, y la escena cambió de aspecto: la tropa respondió con un viva: los semblantes se tornaron alegres y radiantes de coraje, y el ataque se acometió en ese acto porque eran ya urjentes los momentos.

El batallon en masa coronó la cima de la colina, á la par que la compañia de cazadores á paso de trote marchaba sobre la compuerta á franquearse el paso, y á paso de trote tambien ejecutamos nuestro asalto al foso: y atónitos los realistas con el arrojo de nuestros soldados, solo cuando estuvimos á tiro de pistola sobre su linea, atinaron á hacernos una descarga á quema ropa: ella sin duda fué oportuna y bien dirigida, pues nos volteó tres oficiales y como quince individuos de tropa, pero no contuvo el ataque por eso: sobre la marcha cerramos los claros, y sin darle tiempo á que por segunda vez cargase sus fusiles, nos fuimos encima á la bayoneta, en circunstancias que el capitan Medina con quince ó veinte cazadores que habia logrado pasar, los escopeteaba ya por el flanco: mas los Talaveras que quizá se imajinaban, que, sin quemar primero veinte ó treinta mil cartuchos á pié firme, y echar á la eternidad algunas docenas de enemigos, no era licito hacer uso del arma blanca y trabarse cuerpo á cuerpo, quedaron estupefactos al verse acometidos con tanta intrepidez: vacilaron, se envolvieron, al plegarse en cuadro para recibir nuestra carga: de poco les sirvió el orgullo con que nos enrostraban á grandes voces, sus antiguos triunfos sobre Napoleon el grande en la Peninsula: se acobardaron, perdieron su posicion y retrocedieron agrupados, por último, á parapetarse de unas tapias de corrales y chozas, que habia, como una cuadra á su retaguardia: y el resto de nuestro batallon aprovechando esa confusion para pasar la cortadura, se organizó sobre la marcha, los persiguió á la bayoneta y los deshizo cuantas veces se pararon intentando rechazar el empuje, haciéndoles prisioneros cuantos no alcanzaban á huir, llenando asi la mision que el general y la patria habian confiado ese dia á su brazo. En una de estas cargas el corneta del batallon José Pinto, se trabó en combate personal con el Abanderado de Talaveras; siendo su resultado, que el corneta dio una estocada al oficial, lo tendió mortalmente herido, le quitó la

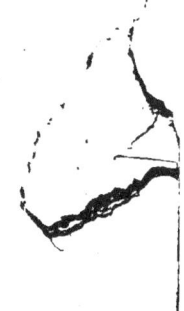

bandera, y despues de la accion se la presentó al jefe, haciéndole relacion del hecho, que algunos oficiales y tropa presenciaron y dieron testimonio de verdad (1)--Asi nos resarcieron los sostenedores de la monarquía española, la pérdida de los ilustres compañeros que humedecieron con su sangre los laureles que en este dia recojió el pabellon argentino, y me es tan honroso como satisfactorio este momento en que puedo dedicarles este recuerdo, y trasmitir sus nombres á la memoria de nuestros compatriotas--El teniente de la compañia de granaderos don Juan Moreno, mendozino, murió en el acto atravesado por una bala de fusil--El capitan de la 1a. don Pedro Lopez, cordobés, perdió una pierna por una bala de cañon--El teniente de la 2ª D. N···· Plaza, chileno, fué herido en un brazo--Y el ayudante del gefe, don Manuel Saavedra, de Buenos Aires, recibió una contusion rara en el muslo derecho. Este oficial llevaba siete pesos fuertes en el bolsillo del pantalon, y la bala de fusil acertó á pegarle sobre ellos, se acható y quedó dentro del mismo bolsillo: pasado el combate, fué á reconocer el efecto que le hubiese causado por el dolor que sentia, y solo descubrió una gran mancha en la parte contundida, pero con el mayor asombro descubrió la bala entre el dinero la que nos enseñó y conservaba como un recuerdo--Pero continuemos la relacion del combate.

Mientras el Nº 11 saltaba la zanja y proseguia su ataque sobre el batallon Victoria, y la artillería enemiga no cesaba de molestarnos con sus continuos fuegos á bala y metralla, aunque con tan inciertas punterias que muy poco daño nos hacian; el comandante Alduuate con su batallon Nº 2, ro-

1. Véase el boletin N.º 9 del Ejército Libertador, publicado en Huaura con fecha 24 de enero de 1821, que en la campaña de Arenales inserta paj. 245 á 247—G. E.

deando la laguna por la derecha á favor de una marcha al
trote tambien, consiguió ponerse al frente del batallon Concordia, abrasarlo con sus fuegos, y bajo la nube del humo
irsele lo mismo á la carga: y teniendo la suerte de tomarlo
medio desprevenido, lo desorganizó, lo desalojó de su posicion, sin que le quedase otro arbitrio que la fuga y buscar
amparo en las casas del pueblo: asi, pronunciada la derrota desde entonces en toda la linea, lo demas fué persecucion, toma de prisioneros y acopio de toda clase de trofeos
por complemento de la victoria.

El mayor Lavalle que observaba desde su puesto en la
reserva, que la caballeria enemiga se retiraba del campo
de batalla en su formacion intacta, en cuanto la infanteria
fué desalojada de sus posiciones; se desesperaba por irsele
encima y recojer la parte del triunfo á que su arma tenia
derecho, pero no pasaron muchos momentos sin que se col-
masen sus deseos: llegó un ayudante con la órden de que
pasase la cortadura ó el pantano, y persiguiese al escuadron
que se retiraba. en el acto se puso en marcha con sus granaderos, y por mas que deseaba acelerar el paso del obstáculo, no pudo hacerlo sino de uno en uno por la estrechura
de la senda, pues se enfangaron dos ó tres que se desviaron
por acelerarse: pero al fin pasó el escuadron y siguió su
marcha, mas no pudo andar dos cuadras sin tropezar con
otro inconveniente, grave, incomparablemente mayor que
ningun otro, como es el *soroche* ó rareza del aire de aquella
rejion elevada de mas de 14 mil pies sobre el nivel del mar,
que fatiga y hasta causa la muerte á quien inmoderadamente
se ajita: asi sucedió á Lavalle esta vez, que cuanto mas apu-
raba el paso por acercarse al objeto de su persecucion, mas
se le fatigaban los caballos y los soldados iban quedándosele

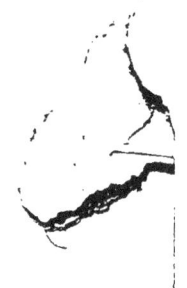

uno aquí y otro mas allá – Y ¿qué hacer contra el poder
irresistible de la naturaleza? No encontró otro arbitrio
que escojer diez hombres de los mejor montados, y des-
pacharlos con el teniente don Vicente Suarez, paraguayo, á
picar la retirada del escuadron realista á quien suponia ir
sufriendo igual inconveniente. Suarez nos referia despues,
que consiguió acercarse al escuadron enemigo, solo despues
de andar de cuatro á cinco leguas al Oeste de Pasco, por uno
de los caminos que van al pueblo 'de Yanahuanca: que tanto
los prófugos cuanto los perseguidores, llevaban una marcha
igualmente lenta por mas que deseasen hacerla mas veloz:
que cuando se hubo acercado como un tiro de fusil, el escuadron enemigo hizo alto, volvió caras, y desplegó en batalla: que la fuerza que presentó fué de cuatro mitades de
16 hileras de frente, perfectamente uniformados y armados
de tercerola y sable: que al ver esta actitud amenazante, él
consultó el animo de los granaderos preguntándoles que podrian hacer, y que unánimes respondieron con ese coraje
que siempre les acompañaba —*vamos sobre ellos, señor*—sin
dejar de seguir su marcha: que en este momento vió que el
comandante Santa Cruz, solo, dando algunos pasos al frente
y embainando su sable, le dijo en alta voz—*señor oficial,
¿quiere usted embainar su espada y que hablemos cuatro
palabras?*—á lo que Suarez, haciendo alto, respondió—*no
tengo inconveniente, señor*—que entonces embainando su
sable y batiendo en alto las palmas de sus manos, para darle
la prueba de no tener arma alguna en ellas, marchó al frente a su encuentro: que ambos se acercaron pausadamente
promediando la distancia, y en cuanto se pusieron al habla
el comandante Santa Cruz le preguntó, *quien era el jefe de la
caballeria, y que deseaba hablar con él*: Suarez le respondió

entonces, que el mayor Lavalle, que venia un poco mas atrás con la fuerza—y le mandó el parte de esta ocurrencia con un sargento. Lavalle que realmente continuaba la marcha en proteccion de Suarez, luego que se impuso de este aviso y sus pormenores, dispuso que el escuadron siguiese su marcha hasta reunirse á la vanguardia si fuese posible, y acompañado de un ayudante y dos ordenanzas marchó al trote al lugar de la cita —A poco no mas llegó Lavalle donde estaba Santa Cruz, y despues de los saludos de cortesia se apartaron á un lado á hablar solos: conferenciaron largo tiempo, dando por resultado la entrevista, que el *Escuadron de Dragones de Caravaillo*, que asi se titulaba, se entregó prisionero desde el gefe hasta el último clarin, con sus armas, estandartes, municiones y cuanto tenia, en número de 150 hombres de tropa: en cuya virtud se puso en marcha para el mineral de Pasco, siguiendo á corta distancia á su retaguardia los granaderos, como por via de escolta: que habiendo producido una estraña admiracion á los oficiales de granaderos, que una fuerza tan considerable se hubiese rendido sin hacer ninguna clase de resistencia; en precaucion de un arrepentimiento ó motin repentino de la tropa, con afabilidad y simulados pretestos se entretuvieron durante la marcha, en tomar las tercerolas de muchos de los soldados como para reconocer la clase del armamento, y con tal motivo abrian y cerraban las cazoletas, montaban y desmontaban los gatillos, siendo el verdadero intento derramarles las cebas inutilizando de pronto el tiro: felizmente no ocurrió la menor novedad durante la marcha, y en cuanto por la noche llegó esta tropa al pueblo, fué desarmada y asegurada en los depósitos de prisioneros—Esta fué la última operacion de la batalla de Pasco.

Los trofeos que las armas de la Patria recojieron en ese dia memorable, fueron, tres banderas, dos estandartes, la espada del general O'Reilly, el armamento de. dos batallones de infanteria, el de un escuadron de carabineros, dos pieza de artil eria, la caja militar y el parque de repuesto: y la pérdida de fuerza que ambas partes sufrieron, fué como si-gue:

		JEFES	OFICIALES.	TROPA.
De los Patriotas · · {	Muertos · · .	· · · ·	1	14
	Heridos. · · · .	· · · ·	5	25.
Total · · · · · · · · · ·		· · · ·	6	37
De los Realistas · · {	Muertos · · · · ·	· · · ·	4	58
	Heridos . · · · .	· · · ·	5	18
	Prisioneros.	4	56	586
Total · · · · · · · · · ·		4	43	462

Por estos detalles se vendrá en conocimiento, que no podia apetecerse un triunfo mas brillante ni mas completo: pero para que nada se echase de menos si algo aún restaba á su complemento, habiendo el geneaal Arenales recibido aviso de los indi s que mosqueteaban la batalla desde las alturas, que el general O'Reilly habia sido de los últimos en retirarse del campo del combate, y por consecuencia no debia ir muy lejos; dispuso, que sin pérdida de tiempo marchase el teniente don Vicente Suarez, con un piquete de granaderos bien montados en mulas, á perseguirlo en cualquier direccion que fuese hasta tomarlo. Asi se hizo: en la madrugada del dia 7, Suarez se puso en marcha, llevando de baqueanos varios entusiastas indios alcaldes, que se. ofrecieron voluntariamente, y tomó el rumbo que las noticias mas con-

testes indicaban: y, dicho y hecho: á los tres ó cuatro dias volvió el infatigable Suarez, con el último trofeo de la victoria del 6. El general español habia sido alcanzado en los campos de la hacienda de Lauricocha, como veinte leguas al noroeste del campo de batalla, próximo ya á tomar el camino de la cordillera de Cajatambo, de donde fácilmente podia declinar á Lima: pero ya estaba decretado que el poder español terminase en América, y esa sentencia fatal debia cumplirse. La division Arenales habia llenado su mision, y ya era tiempo que dejase el campo á nuevos acontecimientos: habia descansado doce ó quince dias, y el general despues de instalar como gobernador de la provincia de Pasco al teniente coronel don Manuel Rojas, emprendió su marcha por la quebrada de Hoyon: pero antes de referir los últimos pasos de nuestra campaña, se me ha de permitir una digresion que quizá no desestime la posteridad.

Mucho habia llamado la atencion de todos nosotros, el grado de desarrollo en que encontramos el espiritu revolucionario en aquellos pueblos, enigma que al principio no supimos esplicarnos, pero que á poco andar descubrimos el origen. En lo principal habia sido obra del general San Martin: que asi que hubo logrado de los gobiernos de Chile y de las Provincias Unidas la resolucion decidida de espedicionar al Perú, vió que era la hora de la combustion, y lanzó emisarios secretos que desparramáron proclamas impresas. en castellano y en quichua, hablando á todas y cada una de las clases y castas de que se componen aquellas masas, esplicándoles su empresa y el rol que cada cual estaba llamado á desempeñar: asi, pues, los indios, y aún personas de mas elevada clase, que habian conseguido uno ó mas de estos papeles, los guardaban con una fé reverente y entusiasta co-

mo una valiosa adquisicion, y se servian de ellos como de un pasaporte ó título, que nos enseñaban para comprobar su patriotismo y adhesion á la causa de la independencia.

Por este tiempo regresó del cuartel general el ayudante don Florentino Arenales que habia conducido el parte de la victoria de Pasco, y por él supimos, que mientras nuestra division habia hecho su paseo militar por Ica, Huancavélica, Huamanga, Jauja, Tarma y Pasco, el general San Martin se habia reembarcado en Pisco con el resto de la espedicion, habia hecho una visita al puerto del Callao con el ejército y la escuadra, y descendiendo en seguida á la costa del norte de Lima, habia vuelto á desembarcar en el puerto de Huacho á principios de noviembre.

El 20 ó 21 de diciembre si mal no me acuerdo, la division Arenales emprendió su marcha hácia la costa buscando su reunion al ejército, no sin preparar el ánimo para otra funcion como la del 6, pues era muy factible que el general Canterac campado con el ejército real en la hacienda de Asnapuquio, intentase tomar su revancha á nuestro paso. Efectivamente asi pudo suceder, sin la traslacion de nuestro ejército de Pisco al norte, pues con esa mira en el mes anterior el enemigo habia destacado una columna de 1500 hombres de las tres armas sobre la línea de Chancay y Palpa al mando del intrépido guerrillero coronel don Gerónimo Valdés. Pero ya era tarde: el incomparable génio del general San Martin, cuya prevision y cálculo estratéjico rayaban á una altura que no á muchos es dado llegar; el que nunca habia comprometido una simple partida sin la probabilidad del éxito: el que con la audacia y rapidez da sus maniobras habia aturdido al virey; el que, para decirlo de una vez, era el alma de esa prestijiosa superioridad que la espedicion habia impreso

en el Perú y en la América toda: él habia crúzado el plan del enemigo: con mayor anticipacion lo habia previsto y dado órdenes al coronel Alvarado de ocupar á Palpa con la masa de caballeria de vanguardia, ocupacion que se verificó con el apoyo del resto de nuestro ejército que se movió hasta la hacienda de Retes. Hasta entonces y desde cuatro años atrás, el poder español, en Chile como en el Perú, se habia visto vencido ó burlado por nuestros soldados en mas de sesenta combates y casos diversos, y en esto se fundaba su orgullo y su preponderancia; calidades que tomaron mayores dimensiones, con el trastorno consiguiente á la deposicion del Virey Pezuela, arrojado de su sólio por sus propios generales y gefes, acusado de apatia, irresolucion é incapacidad. - Este era el cuadro que ofrecia el Perú en las primeras escenas del drama de su independencia.

El ejército formado con el general Jefe de E. M. á la cabeza hizo los honores de la recepcion: y asi que los cuerpos tomaron su puesto en la linea, se presentó el general San Martin con sus edecanes, y en términos lacónicos pero espresivos dirijió á la division de la sierra su bienvenida, espresándole, que quedaba satisfecho de su comportamiento, y de que cada cual en su puesto hubiese llenado su deber. En seguida el general Las Heras segundó su enhorabuena en escojidas palabras, y dirijiéndose al núm. 11, cuerpo que habia creado y sido su jefe por mas de ocho años, le felicitó en particular exhortándolo á que siempre siguiera por la senda del deber y de la victoria, en que tantas veces habia merecido honrosos aplausos. Los cuerpos se retiraron á sus respectivos campos y el nuestro al que le habia señalado el E. M., y en seguida no mas, empezó á presentarse la oficialidad de los otros con sus jefes á la cabeza, á congratularnos por la feli-

cidad de la campaña y de nuestro arribo, singularizándose en demostraciones y siendo la primera en llegar, la del engreido batallon de Numancia; oficialidad que en su mayor parte eran jóvenes oficiales que habian pertenecido á las tropas de Colombia, que teniendo la desgracia de caer prisioneros en poder del general español Morillo, durante la época de la guerra á muerte que hizo en Venezuela y Nueva Granada, por un rasgo de compasion á su corta edad no los habia fusilado, como lo hacia con todo prisionero sin distincion de clase ni rango, sinó que los destinó al Rejimiento Numancia en clase de soldados rasos. entre ellos se contaban los capitanes don Pedro Guerra y don Agustin Geldarino —los ayudantes don José Bustamante y don Rafael Cuervo —los tenientes don Pedro Torres, don N·⸱·· Madrid, don Pedro Guas, don Diego Sanchez y don Pedro Sornosa —y subtenientes don José Carretero, don Luis Foronda y don Francisco Satizabal. siéndome muy satisfactorio añadir, que desde ese dia la oficialidad asi como la tropa de ambos batallones, simpatizaron con tanta estrechez, que en los campamentos, en los combates, lo mismo que en los pueblos, nos buscábamos unos á otros con preferencia y conservamos una union y confraternidad, que solo se interrumpió por el regreso del cuerpo á Colombia.

No fueron estas las únicas demostraciones que se tributaron á nuestra division en aquel dia; sino que, se complementaron con un premio que para nosotros fué de una alta estima. Nuestra satisfaccisn fué inmensa y la sensacion de agradecimiento y estimulo que produjo en el ánimo de todos, me merece hoy como mereció entonces un vivo recuerdo —El General San Martin que de todo podria ser pródigo menos de los ascensos y recompensas, hizo publicar en

la órden general de ese dia, un decreto que habia espedido
el 15 de diciembre cuando recibió el parte de la batalla, en
que decia—« *La Division libertadora de la Sierra, ha llenado*
" *el voto de los pueblos que la esperaban* : *los peligros y las*
" *dificultades han conspirado contra ella á porfia, pero no*
" *han hecho mas que exaltar el mèrito del que la ha dirijido*
" *y la constancia de los que han obedecido sus órdenes* : *para*
" *premiar á uno y á otros, se abrirá una medalla que re-*
" *presente las armas del Perú por el anverso, y por el reverso*
" *tendrá la inscripcion* A LOS VENCEDORES DE PASCO — *El Ge-*
" *neral y los Jefes la traerán de oro, y los oficiales, de plata,*
" *pendiente de una cinta blanca y encarnada* : *y los Sa gen-*
" *tos, Cabos y Soldados, usarán al costado izquierdo del pecho*
" *un escudo bordado sobre fondo encarnado, con la leyenda—*
" Yo SOY DE LOS VENCEDORES DE PASCO »—En seguida hubo
promosiones en los cuerpos de la division, y á mi me tocó en
suerte ocupar la vacante de Teniente 2. ° de la compañia de
Granaderos, que el desgraciado Moreno habia dejado por su
muerte en aquella memorable jornada.

Aqui terminaria estos apuntes sobre la campaña de la
Sierra, si no fueran dos singulares episodios que ocurrieron,
y que guardan un riguroso enlace con las operaciones del
ejército en general. Voy á hacer su exposicion lo mas lacónico
que me sea posible.

Como ya he dicho en otra parte de estos apuntes, cuando el General Arenales marchó con la division sobre Huamanga el 21 de octubre, dejó como gobernador politico de
la provincia de Ica á don Juan José Salas, persona de distin-
guida clase, de ilustracion no comun y de una educacion cul-
tivada, calidades que le habian grangeado la estimacion del
General, ademas de que á nuestro arribo de Pisco habia ad-

quirido mérito con su actividad, contraccion y asiduas ofi-
ciosidades, para proporcionar á la division alojamientos có-
modos, víveres, caballos y cuanto se hacia necesario á la
oficialidad y tropa, y por cuyos comedimientos todos nosotros le correspondiamos con las mas finas atenciones y de-
ferencias. Quedó tambien como Comandante general de
armas del Sud al Teniente Coronel don Francisco Bermudez,
á quien se entregó una cantidad del armamento y municiones tomado al enemigo, con destino á que levantase una
fuerza que sostuviese interceptada la comunicacion entre el
departamento de Arequipa y la capital de Lima, poniendo á
sus órdenes al Sargento Mayor graduado capitan de caballeria don José Felix Aldao, oficial de capacidad, de valor á
toda prueba y otras buenas calidades militares, para que
formase un escuadron veterano que les sirviese de apoyo:
pero el señor Salas, que á todos merecia el concepto de un
patriota decidido y leal, olvidándolo todo, despreciando las
consideraciones y honores que se le habian prodigado, se
habia puesto en inteligencia secreta con el Virey : en cuanto
el General Arenales continuó la marcha para el interior, su
correspondencia fué mas frecuente y por consecuencia con
datos mas positivos, mas detallados y doblemente mas per-
niciosos : pero la Providencia que parecia estar de parte de
la causa de la libertad, puso el antídoto al lado del veneno:
los conductores de esa correspondencia que eran de la raza
indigena, raza hechizada con las palabras de *Patria, Liber-*
tad, que habia lanzado el General San Martin desde Chile en
sus proclamas, y que los hechos le demostraban que nuestra
mision era realmente la de destruir á sus opresores ; al solo
decirles Salas, que las cartas que le recomendaba eran para
el Virey de Lima, sospechaban la traicion, y de trasnochada,

trasmontando serranias, arrostrando toda clase de riesgos, iban á presentarlas al General San Martin, en la persuacion de contraer un mérito, de hacer un servicio á la causa de sus simpatías—Varias de estas cartas, y entre ellas, otras, que la bella señora Rosa Campusano (guayequileña, que disfrutaba entonces de mucho ascendiente ante el General Laserna) decidida y entusiasta patriota de Lima, que habia logrado sustraer clandestinamente de las gavetas de un escritorio, estaban tambien en poder del General. San Martin' cuando el Ayudante Arenales condujo el parte de la victoria de Pasco: al regreso pues de este Oficial, el General Arenales recibió órden con recomendaciones encarecidas, de hacer comparecer á Salas en el Cuartel General con toda seguridad y á la mayor brevedad posible.

Mientras esto ocurria entre los Generales San Martin y Arenales por el norte, otras cosas de diverso género, aunque del mismo origen, tenian lugar por el sud entre las Provincias de Ica, Arequipa y Lima.

El Comandante Bermudez y el Mayor Aldao que conocian bien la peligrosa posicion en que los dejaba el alejamiento de la division Arenales al interior, procedieron sin perder instantes con la actividad de su celo y pericia en la guerra. Conocian que no podian sostener el puesto que se les habia encomendado sin una fuerza veterana en que apoyarse, y esta necesidad les obligó á levantar dos pequeñas compañias, una de infanteria y otra de caballeria, empeñandose en darles su instruccion y disciplina dia y noche sin cesar: y con el mismo designio sujetaron tambien á una rigurosa organizacion y enseñanza, parte de las milicias de infanteria y caballeria de la Provincia, tanto para afianzar su poder moral y material, cuanto para comprometer al pueblo

en el sosten de la libertad é independencia que acababa de ju·
rar por un acto solemne. Pero en medio de este cuadro, el
Gobernador Salas, ya por debilidad característica, ya por
carecer de un legítimo patriotismo ó persuacion de los de-
rechos de su pais, ó ya en fin porque su corazon profesase
mayor adhesion al vasallaje que á la libertad; ciego por sus
instintos ó inclinaciones menguadas, y sin valorar la mancha que echaria sobre su nombre si por algun incidente llegaba á descubirse, no vió en la marcha de nuestras tropas al
interior sino un campo mas expedito para continuar su correspondencia con el Virey y Generales realistas, no limitán-
dose ya á solo dar razon de la fuerza y estado débil en que
quedaba Ica, sino aconsejando, instando, á que mandasen
tropas que por sorpresa se apoderasen de la provincia, y
que tomasen á esos jefes insurjentes que oprimian al pueblo. Este era el lenguaje de las cartas interceptadas. Y
asi sucedió, que tantas fueron las insinuaciones del desleal
Salas y sus ofrecimientos de cooperacion, que convencido el
virey de no correrse riesgo en la empresa, se decidió á
mandarla ejecutar girando sus instrucciones al general Ri-
cafort gefe de la costa sul, para que despachando fuerzas de
su parte simultáneamente con otras que él haria salir de
Lima en dias fijos, en una determinada hora cayesen sobre
Bermudez y Aldao. El plan no hay duda era sencillo y bien
combinado, pero no resultó asi en la ejecucion, por que
algunos lejitimos patriotas al observar apresto de tropas,
se valieron de ingeniosos ardides para averiguar el designio,
y asi que lo consiguieron despacharon un indio cruzando
cerros y sendas escusadas, para avisarlo al gefe de las tropas
de Ica. Bermudez apercibido entonces por este aviso y
otras sospechas y denuncios que desde antes tenia contra

Salas, tomò con sigilo toda clase de medidas para precaverse de una sorpresa, siendo la principal de ellas la de asegurar con artificio la persona del sospechoso: pasó algunos dias de incertidumbre pero variando de posiciones todas las noches, cuando á la hora menos pensada se presentó uno de los espias que habia mandado á la parte de Lima, diciéndole que dejaba cerca una fuerza que venia á atacarlo: esta se presentó pocos minutos despues, se trabó el combate en que hubo algunos muertos y heridos de ambas partes, mas los milicianos de Ica, bisoños, y que sin duda por primera vez se veian entre la sangre y las balas, se acobardaron, se envolvieron y se dispersaron, no quedando á Bermudez otro recurso que emprender su retirada en órden, aprovechando cuantas ventajas y posiciones le ofrecia la localidad, hasta que pudo ganar la sierra: alli se consideró yá seguro, pues el enemigo por otra parte no esforzó mayormente su persecucion, y entonces con mas calma pudo tomar la cordillera en direccion al valle de Jauja. Siguió sin mas inquietudes, mas como la tropa que llevaba era un grupo de reclutas con 40 ó 50 dias de instruccion apenas, en las marchas por caminos estraviados y dificiles, se le dispersaron algunos sin medio de evitarlo: pero asi, asi, llegó con el resto á Huancayo sin novedad: alli recibió cumunicaciones del general Arenales que iban ya á despachársele á Ica, y entre ellas una en que le ordenaba remitir la persona del teniente coronel Salas á presentarse al general en gefe, escoltado por un oficial con tropa, con la consigna reservada de vigilar y asegurar su persona sin dárselo á entender.

Llegó Salas muy ufano al cuartel general de Retes, llamando la atencion el conjunto de su lujoso traje militar, su montura, su sable, sus botas granaderas, y sobre todo, su estatura gigantesca. El oficial conductor lo presentó en el acto al general San Martin, diciendo, que lo remitia el comandante Bermudez desde Huancayo por órdenes que habia recibido para ello. El general entonces pidió á su secretario privado, capitan don Salvador Iglesias, que le trajera las cartas que tenia de Salas: siéndole presentadas, las revisó, tomó de entre ellas una, y enseñándole la firma le preguntó - ¿conoce usted esta carta? - Salas respondió—Si, señor, la conozco: es mia. El general le dijo entonces--Pues si usted la reconoce, lea su contenido--Salas al reconocer su letra, creyó probablemente que era alguna de las que habia escrito desde Ica al mismo general á Pisco, pero en cuanto dió vuelta la hoja para leerla desde el principio, se encontró con que era de las que habia dirigido á Lima aconsejando la sorpresa al comandante Bermudez en Ica--Quedó estupefacto, sin sentido: y comprendiendo de un golpe su crímen y que ya no eran momentos de recurrir á disculpas, no encontró mas recurso que postrarse de rodillas á los pies del general San Martin, y abrazándole las piernas implorar piedad, perdon, clemencia para un hombre dèbil, inexperto, alucinado por el poder de los realistas, que él conceptuaba invencible. El general entonces dió dos pasos atrás, le dirijió una mirada de desprecio con sus ojos centelleantes, diciendo--yo no he venido á este pais à sacrificar vichos tan miserables como este--y volviendo la espalda, ordenó que en el acto se mandase al puerto de Huacho, lo embarcasen en el buque que iba á zarpar para Valparaiso, remitiéndolo á disposicion del gobierno de Chile, con exposicion de la causa y sus antecedentes. Este pasaje lo presenciaron los edecanes del general y varias otras personas, que despues lo refirieron, y asi se divulgó en el campamento como tantos otros que continuamente ocurrian. La órden del general San Martin se cumplió, y Salas permaneció alejado durante su administracion: mas cuando Riva Agüero subió á la presidencia del Perú en marzo de 1823, no solo le permitió regresar al pais, sino que lo llamó á la carrera militar, no recuerdo bien, si en la clase que le confirió el general Arenales ó con ascenso: esto no importa gran cosa, pero si conviene á saber, qué no fué este el único de los actos notables de la corta administracion de Riva Agüero.

Aquí termina el primero de los episodios que ofrecí referir: y en cuanto al segundo, si por ahora no mereciese figurar como parte del suceso que le dió origen, no perjudicará en mi concepto que pase á nuestros mas lejanos sucesores, para cuando les llegue el turno de apreciar las ocurrencias de esos remotos tiempos, en cuyo supuesto, se me permitirá una sucinta exposicion de sus preliminares.

Luego que nuestro ejército contramarchó de Retes y tomó cantones en el pueblo de Huaura, se encontró que no habia local aparente para depósito del crecido número de prisioneros de toda clase que tenía, y en su virtud se dispuso establecerlo en Huarmey, pueblo que está treinta leguas mas al norte: y siendo de este número el teniente coronel don Andrés Santa Cruz, americano natural de la Paz, solicitó abrazar la causa de la libertad y el general San Martin se lo concedió: juró la independencia en legal forma, levantándose una acta ante testigos militares de graduacion de ambos ejércitos, y fué incorporado al Ejército Libertador en su mismo empleo: poco despues fué nombrado Comandante militar de la provincia de Cajamarca, mas adelante se le confió el mando de la division que bajo la direccion del general Sucre triunfó en Pichincha, y posteriormente sus servicios y circunstancias lo elevaron hasta el rango de Gran Mariscal del Perú.

Bajo la prestijiosa influencia del Ejército Libertador, en el mes de diciembre de 1820 los pueblos de Cuenca, Ambato y Loja, del departamento de Quito, habian proclamado la independencia: en seguida el departamento de Truxillo y sus provincias repitieron el mismo grito, encabezados por su Intendente el marqués de Torre Tagle; y á su imitacion, hicieron otro tanto las ciudades de Moyobamba, Chachapoyas y demás pueblos del departamento de Mainas: es decir, todo el norte del Perú, se sometió al poder de nuestras armas: mas á fines de abril de 1821, reaccionaron los españoles vecinos del pueblo de Otusco, bajo la inspiracion, segun se dijo, del señor Obispo Sanchez Rangel de la diócesis de Mainas y de los funcionarios derrocados, con cuyo motivo fui comisionado yo con 50 hombres de mi batallon, para prestar apoyo el comandante militar de Cajamarca. Marché á mi destino y en esas circunstancias se esparció la noticia de que, los prisioneros del depósito de Huarmey se habian sublevado tambien en esos mismos dias, quien sabe si en combinacion, aunque separados por una larga distancia un punto de otro: mas como quiera que ello fuese, los de Huarmey que se hallaban sobre la costa del Pacifico y pudieron completar su evasion embarcándose, lejos de eso dirijieron su fuga á la sierra, buscando la reunion con los de Otusco: por este hecho se juzgó verosimil que pretendiesen reunirse para hacerse mas fuertes, y pensasen hacer rumbo por las faldas de la sierra hácia Jauja, por cuanto de allí les era mas fácil descender á Lima ó incorporarse á sus tropas del Cuzco. Esto se calculaba, por cuanto iba entre ellos el coronel don Manuel Sanchez que lo habia sido del Rejimiento de Talaveras, y como buen militar, entre vengar el agravio de su derrota de Pasco ó volver á España con esa nota, se súponia que prefiriese lo primero. Pero sea de esto lo que fuese, no siendo mi intento sino recordar una esplicacion que le oí hacer al teniente-coronel Santa-Cruz respecto de su persona, terminaré esta digresion diciendo, que luego no mas y á poca costa, se pacificó la provincia con la captura de los prisioneros y sublevados de Otusco, por las indiadas circunvecinas que se les lanzaron encima, los acorralaron en una quebrada, los asediaron, y no les quedó mas arbitrio que rendirse.

Recuperado el órden y la tranquilidad en los pueblos de aquella parte de la Sierra, el piquete de mi mando permaneció en Cajamarca, por cuya circunstancia y el cumplimiento de mis obligaciones, diaria y frecuentemente tenia que ver al comandante Santa Cruz, para darle los partes de las ocurrencias del cuartel y recibir sus órdenes. Este contacto diario por una parte y el no tener él ni yo relaciones en el pueblo, no tardó mucho en hacer mas franco nuestro trato y establecer una estimacion y confianza mútua: en ese estado de relaciones de amistad, una de esas noches de verano que conversabamos á la luna acerca de la campaña de Arenales y batalla de Pasco, me dijo—«Usted y quizá todos los que se «hallaron en esa campaña, probablemente han hecho mu-«chos y diversos comentarios á mi respecto, ya cuando me «vieron salir del campo en el momento de pronunciarse la «derrota de O'Reilly, ya al verme volver por la noche en «clase de prisionero: pero cualquiera que hayan sido, dudo «que hayan acertado con las verdaderas causas, y por eso me «permitirá que se las esplique—1.ᵃ Yo pude retirarme en «órden como llevaba mi escuadron, por el camino mas cor-

«to ó mejor para descender á la costa, sin que nadie hubiese «podido impedirmelo, por cuanto el general Arenales no te-«nia la fuerza de caballeria necesaria para mi persecucion; «ni aun cuando la hubiera tenido, no habria consentido en «que se alejase aislada á una larga distancia.»

2.° —«Pude haber batido á Lavalle cuando me perse-«guia por el camino de Yanahuanca, desde que llevaba solo «25 ó 30 hombres, que yo contaba uno á uno con mi anteo-«jo, cuando mi fuerza era cuatro ó cinco veces mayor y esto «me daba la probabilidad del triunfo; y lo que era aun mas, «Lavalle llevaba sus caballos en mal estado por las marchas «y maniobras que habia hecho, mientras que los mios eran «incomparablemente superiores, ya por no haber hecho fati-«ga, ya por haber estado en descanso y mantenidos á grano «en pesebre: y para decirlo de una vez, mi triunfo habria si-«do indudable en esa ocasion, y entonces mi retirada segura «hasta el otro lado de la cordillera y sin temor de ser inquie-«tado.»

3.° —«Pude pasarme con mi escuadron, como estaban «haciéndolo los jefes y oficiales americanos hasta con tropa «armada, pero como una infidencia deja impresa la descon-«fianza sobre sus autores, pues como dice el proverbio *quien* «*hace un cesto puede hacer un ciento*; no quise echar esa man-«cha sobre mi nombre, porque así habria sucedido ante la «opinion de ambos belijerantes, y deseché la idea por desdo-«rosa. En este sentido hablé á la tropa esplicándole el con-«cepto, todos se convinieron unánimes, porque tambien les «prometí hacerlo así presente al general San Martin, y que «no dudaba que cumpliese las promesas que habia hecho en «sus proclamas á las tropas del ejército real.»

4.° —Yo como americano y desde muy atrás, abrigaba

«lasmas positivas simpatias por la causa de la emancipa-
«cion, porque me habia llegado á convencer del perfecto de-
«recho de la América y de su inmenso poder, asi como de la
«impotencia de la España y nulidad de sus recursos: veia el
«desacuerdo y casi anarquia entre el Virey y los mismos ge-
«nerales y gefes europeos, unos absolutistas y otros consti-
«tucionales, anarquia que ahora la vemos patente con la de-
«posicion de Pezuela: veia al mismo tiempo los progresos que
«hace y nadie duda que seguirá haciendo la revolucion del
«Perú, bajo la proteccion del ejército y direccion de un ge-
«neral que con tan hábil golpe de ojo, con tanta firmeza,
«concibe y ejecuta el mas tribial de sus golpes: veia que
«cuando él abandonó su carrera en Europa, lo hizo como
«americano y por amor á la sagrada causa de nuestra tierra,
«¿ porqué no hacerlo yo en la ocasion que se me presentaba?
«Estas y otras infinitas reflexiones se agolpaban á mi mente
«en esos momentos: ellas me iluminaron: por ellas preferi
«entregarme prisionero, y asi me tomé la libertad de decir-
«selo al general delante de los señores Monteagudo y Guido:
«y la mejor prueba del acierto de mi resolucion, es, el pues-
«to en que me hallo colocado. Estas son las esplicaciones
«que ofreci á usted: y como ahora ya es innecesaria su reser-
«va, autorizo y ruego á usted que las trasmita á sus compa-
«ñeros toda vez que se le presente ocasion.»

———

Aquí dan fin mis reminiscencias de la primera campaña del general Arenales á la Sierra, sobre cuyos hechos estoy en la persuacion de que nada se ha escrito, ó por lo menos, si la prensa algo ha dado á luz, yo
no he leido todavia, y por mi parte sentiria mucho que

quedasen en el silencio de los tiempos: debiendo advertir por conclusion, que si en el relato de algunos acaecimientos no hubiese estricta exactitud, es por que no en todos ellos pude hallarme presente, y los refiero cómo y del modo que llegaban á mi conocimiento. Á bien que mas atrás han de venir sin duda otros que enmienden y prefeccionen esto y lo demas.

Buenos Aires 1.° de Mayo de 1865.

JOSÉ SEGUNDO ROCA.

CPSIA information can be obtained
at www.ICGtesting.com
Printed in the USA
BVHW03*0845200618
519431BV00013B/39/P